종교개혁자들과의 대화 Vol. 12
종교개혁과 선교

종교개혁자들과의 대화 Vol. 12
종교개혁과 선교

1쇄 발행 2016년 12월 31일
2쇄 인쇄 2017년 4월 4일

지은이 김성운
펴낸이 이의현
펴낸곳 SFC출판부
등 록 제 114-90-97178
       (137-803) 서울특별시 서초구 고무래로 10-8 2층 SFC출판부
       Tel. (02)596-8493 Fax. 0505-300-5437
홈페이지 www.sfcbooks.com   **이메일** sfcbooks@sfcbooks.com

기획·편집 이의현
디자인편집 이새봄
영업마케팅 조형준
인쇄처 성광인쇄

ISBN 979-11-87942-10-8 04230

값 7,000원

© 고신Refo500준비위원회
이 책의 저작권은 저작권법에 따라 보호되므로 무단 전재와 복제를 금지합니다.

종교개혁자들과의 대화 Vol. 12
종교개혁과 선교

김성운 지음

이 소책자는 서울시민교회의 후원으로 만들어졌습니다.

시리즈 서문

500년 전 1517년에 하나님께서는 루터와 같은 말씀의 종들을 세우셔서 거짓되고 부패한 교회를 순수한 말씀을 통해 새롭게 하셨습니다. 이 뜻깊은 해를 맞이하여 우리는 종교개혁의 정신을 정확하게 이해하고, 그것을 바탕으로 오늘의 우리를 성찰하며, 다음 세대에게 그 정신을 잘 전수할 수 있기를 간절히 기대하고 있습니다. 종교개혁이 무엇이었는가에 대한 논의는 지금까지 숱하게 이루어져 왔고 앞으로도 계속해서 연구될 겁니다. 고신레포Refo500 준비위원회는 "오직 말씀 위에 교회를!"(The Church on the Word Alone!)이라는 슬로건 하에 '성경'과 '교리'와 '역사'라는 세 가지 큰 영역을 중점적으로 살피면서 변화와 갱신의 운동인 종교개혁을 주목했습니다.

고신레포Refo500 준비위원회는 다양한 사업들 중 핵심 사업으로 『종교개혁자들과의 대화』 시리즈를 기획했습니다. 이 시리즈는 총 12권의 소책자로 구성되었는데, 종교개혁이 일으킨 변화를 예배로부터 시작하여, 교회, 역사, 교육, 가정, 정치, 경제, 문화, 학문, 교리, 과학, 선교까지 모두 12가지 영역을 다룹니다. 이 시리즈를 펴내는 이유는 먼저 종교개혁이 당시 로마교회의 미신적인 몇몇 행태를 개혁한 것이 아니라, 유럽 사회 전체를 변혁한 총체적인 개혁이었다는 것을 드러내기 위함입니다. 그리고 여기서 더 나아가 종교개혁이 당시 유럽사회를 구체적으로 어떻게 변화시켰는지 파악하고, 다음으로 이런 총체적인 개혁이 오늘날 우리에게 어떻게 적용될 수 있는지를 찾아가기 위함입니다.

종교개혁은 유럽 사회 전체와 모든 영역을 개혁한 전무후무한 말씀운동이었습니다. 그러므로 우리 스스로 종교개혁의 의의를 교회 내의 활동으로 국한시키는 어리석음을 범하지 말아야 합니다. 현대 기성 기독교인들은 물론 자라나는 기독 청소년들을 위해서도 이런 작업은 꼭 필요합니다. 우리 기독 청소년들이 교회에서 말씀을 잘 깨닫고, 그래서 사회의 어떤 영역으로 나가더라도 그 말씀을 가지고 개혁의 일꾼으로 살아갈 수 있어야 하기 때문입니다. 이 시리즈가 종교개혁이 우리 시대에 살아있는 역사로 자리매김하는 일에 조금이나마 도움이 되기를 바랍니다. 이 시리즈를 집필하느라 수고한 집필진들과 후원해준 교인들과 교회들, 그리고 출판을 책임져준 SFC출판부에게 진심으로 감사의 말씀을 전합니다.

2016년 12월
고신레포Refo500 준비위원회

목차

시리즈 서문	5
들어가면서	11

제1장 종교개혁자들과 선교 — 17
1) 종교개혁자들에 대한 오해들 — 17
2) 선교의 사람들이었던 종교개혁자들 — 19
3) 선교의 사명: 참된 복음의 회복과 교회의 개혁 — 30

제2장 선교의 목적: 하나님께 영광(Soli Deo Gloria) — 41
1) 선교의 목적: 하나님의 영광 — 43
2) 삼중목적을 통한 하나님의 영광 — 47

제3장 선교의 출발: 오직 성경(Sola Scriptura) — 57
1) 모든 사람은 성경을 읽어야한다 — 60
2) 성경에서 드러나는 명령 — 69
3) 성경의 가르침대로 — 72

제4장 선교의 수행기관: 교회　　　　　　　　　　　79
　1) 선교와 교회　　　　　　　　　　　　　　　　81
　2) 교회를 통한 선교　　　　　　　　　　　　　　84
　3) 교회를 세우는 선교　　　　　　　　　　　　　88

제5장 선교의 나침판: 선교의 원리　　　　　　　　　95
　1) 선교의 주인이신 삼위 하나님　　　　　　　　　98
　2) 택하신 하나님의 백성을 부르는 것　　　　　　101
　3) 예수님과 복음의 유일성　　　　　　　　　　　104
　4) 교회의 확장을 통한 하나님의 나라의 확장　　　107

나가면서　　　　　　　　　　　　　　　　　　　115

참고문헌　　　　　　　　　　　　　　　　　　　119

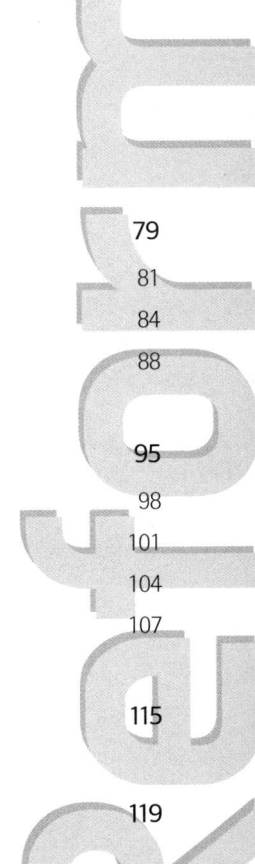

Reformed

들어가면서

사도 바울은 부활하신 예수님으로부터 이방인의 사도로 부르심을 받았습니다. 오늘날 표현으로 하자면 선교사로 부름을 받은 겁니다. 이방인을 위한 예수님의 사도로, 선교사로 부름을 받은 사도 바울은 자신의 사명을 "그리스도의 이름을 위하여 모든 이방인 중에서 믿어 순종하게 하는 것"이라고 밝힙니다(로마서 1장 5절). 이것이 선교입니다. 선교는 사도바울이 말한 것처럼, 하나님의 이름이 영광을 받으시도록, 아직 하나님을 모르는 민족과 종족들에게 하나님께서 세우신 말씀의 종들을 파송해 교회를 세우고 하나님의 나라를 확장해 나가는 일입니다.

선교가 하나님의 뜻을 이루어 하나님을 영화롭게 하기

위해서는 참된 교회가 있어야 합니다. 왜냐하면 교회만이 예수님께서 세우신 선교의 유일한 기관이며, 또한 참된 복음을 소유하고 참된 교회의 표지를 가진 교회만이 교회가 존재하지 않는 지역에 교회를 세워 세상에 빛을 발하고 하나님의 나라를 확장해갈 수 있기 때문입니다. 그래서 교회가 세속화되면 선교가 세속화되고, 세속화된 선교는 다시 세속화된 교회를 낳게 됩니다.

중세 로마교회는 부패하고 세속화된 교회였습니다. 참된 복음에 세상 종교의 여러 요소들을 혼합하여 변질된 복음을 가르치던 교회였습니다. 그 결과 선교도 변질되었습니다. 종교개혁 이전의 로마교회는 십자가의 복음을 전파하여 모든 민족 가운데서 선택된 하나님의 백성을 불러 모아 교회를 세우고 하나님을 영화롭게 하는 영광스러운 선교를, 교황으로 상징되는 교회의 권력을 확장하기 위한 탐욕의 수단으로 전락시켰습니다. 우리가 잘 알고 있는 십자군 전쟁과 신대륙 아메리카에서 일어난 비극적인 일들은 중세의 교회가 선교를 어떻게 자신의 권력을 확장하는 도구로 이용했는지를 보여주는 대표적인 사례들입니다. 중세의 로마교회는 예수님께서 꾸짖으신 서기관들과 바리새인들처럼 교인 한 사람을 얻기 위해 바다와 육지를 두루 다니는 열심을 지니고 있었지만, 정작 교인이 생기면 자신들보다 "배나 지옥의 자식이 되게" 하였습니다(마태복음 23장 3절). 하나님을 모르는 사람들을 십자가의 복음이 비추는 구원의 빛으로 인도한 것이 아니라 또 다른 어두움으로 빠지게 한 겁니다.

이런 상황에서 종교개혁자들은 참된 복음을 회복하고 교회를 개혁했습니다. 선교적인 관점에서 보면, 종교개혁은 타락한 교회에 의해서 변질된 선교를 성경과 사도들의 가르침으로, 곧 하나님께서 목적하셨던 자리로 되돌리고 회복한 사건이었습니다. 16세기 종교개혁자들이 참된 복음과 참된 신학의 토대 위에서 교회를 개혁하자, 복음이 땅 끝의 모든 민족을 향하여 힘차게 전파되기 시작했습니다. 참된 교회가 또 다른 참된 교회를 세운 겁니다. 개혁교회는 그렇게 전 세계적으로 확장되었습니다.

오늘날 온 세계에 복음이 전파되고 교회가 세워지게 된 것은 종교개혁자들이 선교를 하나님의 말씀과 사도들이 가르친 원래의 자리로 되돌려 놓았기 때문입니다. 이것은 종교개혁이 이룬 소중하고 위대한 결과들 중 하나입니다. 그 결과로 1885년에 하나님께서는 우리 민족을 위해 언더우드와 아펜젤러를 선교사로 보내셨습니다. 그리고 그들에게서 복음을 받은 우리 한국교회도 이제는 온 세계에 선교사를 파송하는 교회가 되었습니다.

오늘날 우리 한국교회는 세계 곳곳에 많은 선교사를 파송하고 있습니다. 그러나 실제로 우리의 선교를 들여다보면, 종교개혁자들이 성경과 사도들의 가르침에 따라 회복시켜 놓았던 선교로부터 멀어진 모습들을 많이 볼 수 있습니다. 선교의 이름으로 행해지는 활동들은 있지만, 정작 참된 복음과 참된 교회는 없는 경우가 있습니다. 어떤 사람들은 선교가 복음을 전하고 교회를 세워 하나님의 나라를 확장하는 것이 아니라, 타종교와의 대화와 평화를 추구하는 것이라고 주장합니다. 하지만 그런 주장을 하는 사람들은 하나님께서 구원의 유일한 길로 주신 예수님의 십자가를 말하지 않습니다. 그런가 하면 어떤 사람들은 예수님께서 유일한 선교의 기관으로 세우신 교회로부터 선교를 분리하려고 시도합니다. 그리고는 교회가 아니라 자신들이 선교를 주도해야 하며, 교회는 자신들을 돕고 협조해야 한다고 주장합니다.

그러나 무엇보다도 가장 심각한 문제는 선교가 다시 세속화하고 있다는 겁니다. 즉 종교개혁 이후 500년이 지난 오늘날의 선교는 하나님의 영광을 드러내는 것이 아니라, 인간의 이름을 드러내고 인간의 성취를 자랑하는 활동으로 변모하고 있다는 겁니다. 선교에서 나타나는 물량주의, 성과주의, 팽창주의, 무분별한 경쟁 등이 이러한 변모의 구체적인 증거들이라 할 수 있습니다. 이런 현상들은 교회가 세속화될 때 일어나는 것인데, 교회가 세속화되면 선교도 세속화될 수밖에 없습니다. 물론 세속화된 선교도 교회를 세우지만, 그것은 참된 복음과 생명력이 넘치는 예수님의 몸된 교회가 아니라, 자기를 닮은 세속화된 교회일 뿐입니다. 그러므로 이런 불행하고 끔찍한 일이 일어나지 않도록 개혁교회는 끊임없이 개혁되어야 하며, 그럼으로써 선교도 끊임없이 개혁되어야 합니다.

선교의 개혁은 무엇인가 새로운 것을 만들어 내는 것을 의미하지 않습니다. 그보다 그것은 우리가 하는 모든 선교 활동을 성경의 진리와 사도들이 전해준 가르침에 따라 평가하고, 잘못된 것들이 있으면 원래의 가르침으로 되돌아가는 것을 의미합니다. 종교개혁 500주년을 기념하면서 '종교개혁과 선교'라는 제목으로 이 책을 쓰는 이유가 여기에 있습니다.

이 책에서는 다음과 같은 몇 가지 내용을 다룰 것입니다. 첫째는 종교개혁자들은 자신들에게 주어진 선교사명이 참된 교회와 참된 복음을 회복하는 것이라고 확신하였다는 겁니다. 이것은 종교개혁자들에게서 선교를 찾아볼 수 없다는 주장에 대한 반론이 될 겁니다. 둘째는 종교개혁은 참된 복음과 참된 교회를 회복함으로써 세속화된 교회권력의 확장 도구로 전락한 선교를 사도들의 가르침과 모범으로 되돌려 놓았다는 겁니다. 이것은 '선교의 황금기'라고 불리는 18세기 이후 복음이 세계적으로 확장된 것이 개혁된 교회가 참된 복음과 바른 신학으로 모든 민족에게 나아가 참된 교회를 세운 결과였음을 보여줄 겁니다. 셋째는 종교개혁자들이 제시한 선교의 원리는 우리가 따라야 할 나침판이라고 할 수 있다는 겁니다. 이것은 종교개혁자들이 제시한 선교의 원리를 따르는 것이 바르고 풍성한 선교의 열매를 맺게 한다는 것을 보여줄 겁니다. 그리고 이로써 지금 우리의 선교가 성경적이고 개혁주의적인 원리와 방향으로 이루어지고 있는가를 돌아보고 반성할 겁니다. 한편 각 장의 마지막 부분에는 독자들이 읽은 내용을 정리하고 적용하는 데 도움이 되도록 간단한 정리와 몇 가지 질문을 덧붙였습니다.

제1장

종교개혁자들과 선교

1) 종교개혁자들에 대한 오해들

종교개혁자들이 교회와 사회에 끼친 공헌과 업적에 대해 이의를 제기할 사람은 거의 없을 겁니다. 그러나 선교와 관련해서 종교개혁자들을 좋게 평가하는 사람은 흔하지 않습니다. 심지어 어떤 사람들은 오히려 종교개혁자들이 선교에 장애가 되었다고 주장하기도 합니다. 물론 이렇게 극단적이지는 않더라도 종교개혁자들이 교회개혁에 몰두하느라 선교에 관심이 없었다거나, 관심이 있었다 하더라도 그것을 실행에 옮길 여력이 없었다는 것이 일반적인 평가입니다. 대표적인 인물로는 역사신학자인 라토렛(Kenneth Scott Latourette)이 있습니다. 그는 『기독교 확장사』(*A History of the Expansion of Christianity*)라는 책에서 종교개혁자들은 선교를 하지 않았고, 선교의 비전이나 사상에 대해 아무런 공헌을 하지 않았다고 평가합니다. 선교 역사학자인 스티븐 니일(Stephen Neil)과 루터를 연구한 카알 브라텐(Carl Braaten)도 이런 견해에 동의합니다.

더구나 어떤 사람들은 종교개혁자들이 아예 선교에 대한 의식이나 책임감조차 가지지 않았고, 심지어 예정론과 같은 교리로 인해 선교를 불필요한 것으로 생각했다고 주장합니다. 이들은 칼빈이 성경의 사도직을 선교사직과 동일한 것으로 여겼고, 또한 교회가 없는 이교도 지역에 가서 교회를 세우는 것은 사도들에게만 주어진 사명으로 보았기 때문에 선교에 관심을 두지 않았다고 말합니다. 더군다나 칼빈이 주장한 예정론이 선교를 불필요한 것으로 만들어 선교를 방해했다고 주장합니다. 그러면서 '현대 선교의 아버지'라 불리는 윌리엄 캐리(William Carey)가 어떤 목사들의 모임에서 선교에 대한 자신의 비전을 말하자 그 중 한 목사가 했다는 말, 즉 "젊은이, 앉게나. 만일 하나님께서 이방인들을 개종시키려 하신다면 자네나 우리의 도움이 없어도 얼마든지 하실 수 있을 걸세."라는 말을 자주 인용합니다.

하지만 이런 주장들은 종교개혁자들에 대한 충분한 이해

와 지식에 기초하지 않은 오해에서 비롯된 겁니다. 특히 이런 오해들은 오늘날 우리의 관점에서 종교개혁자들을 평가할 때 생겨납니다. 오늘날 선교라 하면 예수님의 지상명령에 근거해 몇 명의 선교사를 파송했고 또 몇 개의 교회 건물이나 학교를 지었는지를 먼저 떠올리게 됩니다. 그런데 이런 관점에서 종교개혁자들을 바라보면, 그들은 분명 선교에 관심이 없었다고 할 수도 있습니다. 그러나 반대로 종교개혁의 관점에서 오늘날의 선교를 바라보면, 그들에 대한 평가가 달라질 겁니다. 종교개혁자들이 가르쳤던 예정론이 선교를 방해한다는 주장도 종교개혁자들의 신학을 피상적으로 이해한 데서 비롯됩니다. 예정론은 오히려 그리스도인들로 하여금 선교하도록 동기를 부여합니다. 따라서 이런 오해들은 종교개혁자들이 선교에 대해 어떻게 가르쳤고 행동했는지를 조금만 살펴보면 금방 풀릴 겁니다.

2) 선교의 사람들이었던 종교개혁자들

종교개혁자 루터(Martin Luther)는 실제적인 선교개념을 가지고 있었을 뿐 아니라, 어떻게 선교를 해야 하는지에 대해서도 잘 알았습니다. 그는 먼저 성경을 해석하면서 온 땅을 복음으로 가득 채워야 한다고 강조했습니다. 예를 들어, 시편 117편을 해석할 때는 복음이 전 세계를 관통해야 한다고 했습니다. 학개서 2장의 경우에는 복음은 모든 민족을 위한 값진 보화이며, 하나님께서는 한 두 민족이 아니라 전 세계에 복을 내리시기 원하신다고 말했습니다. 그는 선교의 방향과 방법에 대해서도 중세의 로마교회와는 확연히 다른 입장을 제시했습니다. 즉 중세의 십자군을 비판하면서, 황제의 칼은 신앙과는 전혀 관계없고, 어떤 군대도 예수님의 깃발 아래서 다른 사람을 공격할 수 없다고 말했습니다. 단지 말만 한 것이 아니라 많은 제자들을 직접 가르치고 훈련시켜 덴마크, 노르웨이, 스웨덴, 핀란드 등으로 파송하기도 했습니다. 오늘날 이 나라들이 복음화된 것은 루터의 노력이 거둔 결실이었다고 할 수 있습니다.

스트라스부르의 종교개혁자 마르틴 부써(Martin Bucer) 역시 선교의 사람이었습니다. 그는 선교에 대해 다음과 같이 말했습니다.

> 정부가 자신의 육적인 통치를 사랑하고 이 통치권의 확대를 위해 열정을 쏟아 붓는 만큼, 그리스도의 나라를 사랑하고 이 나라의 확장을 위해 열심을 내었다면, 유대인과 터키인과 다른 이교도들처럼 태어날 때부터 주 그

리스도로부터 소외된 자들을 그리스도께로 인도할 수 있었을 것이다. 그러나 안타깝게도 사람들이 유대인과 터키인과 다른 이교도의 땅과 재산을 빼앗으려는 열정은 있지만, 그들의 영혼을 우리 주 그리스도께로 인도하려는 열정은 거의 없다. 성직자들도 그러하다.

이렇듯 부써는 일반군주뿐만 아니라 당시의 성직자들조차 세상의 물욕에 사로잡혀 영혼구원에 대한 열정이 없다고 한탄했습니다. 하지만 한탄만 하지 않고, 헤센(Hessen) 지역에 있는 유대인들에게 직접 복음을 전하기 위해 노력하기도 했습니다.

칼빈 역시 선교의 사람이었습니다. 칼빈의 대표작인 『기독교 강요』에는 선교에 대한 강조와 가르침이 많이 있습니다. 그 가운데 몇 가지만 소개해보자면, 먼저 주기도문의 첫 번째 간구("이름이 거룩히 여김을 받으시옵소서")를 설명하는 3권 20장에서 칼빈은 "그가 모든 인류를 복종시키사 그 이름을 경외하게 만드시기를 구하여야 한다."라고 말합니다. 이어서 두 번째 간구("나라가 임하시오며")를 설명하면서는 "우리는 하나님께서 이 땅 각처에서 교회들을 자기 자신에게로 모으시기를, 그들의 숫자를 증가시키기를" 날마다 간절히 바라고 간구해야 한다고 말합니다. 또한 예정론이 선교를 방해한다는 거짓된 비방에 대해 칼빈은 『기독교강요』 3권 23장 14절에서 교부 아우구스티누스를 인용하면서, 우리는 누가 예정되었고 예정되지 않았는지 알 수 없기 때문에 "모든 사람이 구원받기를 원하는 그런 마음의 소원을 가져야 마땅하며, 그렇기 때문에 우리는 만나는 모든 자들을 우리의 평안에 함께 참여하는 자들로 만들기를 힘써야 한다."라고 말했습니다.

칼빈의 선교에 대한 관심과 사상은 『기독교 강요』뿐만 아니라 그의 성경주석에서도 볼 수 있습니다. 그는 시편 67편을 선교의 관점에서 해석했고, 이사야 54장 2절의 주석에서는 "하나님께서는 교회의 회복뿐만 아니라 교회가 복음 선포에 의해서 어린 상태에서 성숙한 상태로 성장하기를 원하시며, 그리스도의 재림 때까지 이 일을 성취하실 것이다."라고 말했습니다. 또한 디모데전서 2장 주석에서는 "믿는 자들은 자신과 교회를 위해서뿐만 아니라 전 인류를 위해 기도하는데 바빠야 한다."라고, 또한 "구원으로부터 제외된 사람은 이 세상 어디에도 없다. 왜냐하면 하나님께서는 복음이 모든 사람에게 예외 없이 전해지기를 원하시기 때문이다. 하나님께서는 모든 민족과 모든 나라의 사람들이 구원받기를 원하신다."라고 말했습니다.

칼빈이 이렇게 모든 민족과 모든 나라에 복음이 전해지기를 원한 것은, 모든 사람은 하나님의 모습과 형상으로 창조된 하나님의 작품이라는 것, 따라서 비록 지금 하나님으로부터 멀리 떨어져 있다 하더라도 하나님의 선하심은 그들에게까지 확장될 수 있다는 사실을 인정해야 한다고 믿었기 때문입니다. 그래서 자신의 이웃이나 불쌍한 불신자를 예수님께 인도할 마음이 없이 내버려 두는 사람들을 "하나님께 영예를 돌리지 않고 그분의 나라의 권능을 약화시키며 하나님께서 온 세상을 다스리지 못하도록 제한하기를 원하는" 자라고 강하게 비판했습니다. 그런데 이런 믿음과 생각을 가진 사람에게 "그의 신학에는 선교사상이 없다." 또는 "그는 선교에 관심이 없다."라고 말하는 것은 정당한 평가라고 말할 수 없습니다.

실제로 칼빈은 선교현장에 있었다고도 할 수 있습니다. 칼빈은 프랑스인으로서 사역의 대부분을 스위스 제네바에 있는 교회에서 했습니다. 스트라스부르에서 3년을 머무는 동안에도 프랑스인 망명자 교회에서 목회를 했습니다. 거기서 그는 복음을 설교했고, 제자들을 양성해 교회를 세우도록 유럽의 여러 나라들로 파송했습니다. 뿐만 아니라 병자와 약자를 돕고, 그리스도인 인재를 양성하기 위해 학교도 세웠습니다. 이 모든 일들이 오늘날 선교사들이 하는 일들입니다. 그러므로 칼빈은 선교사인 동시에 선교 지도자였으며, 그가 목회했던 제네바교회는 선교학교였다고 할 수 있습니다. 칼빈의 사역을 좀 더 살펴보면, 이것이 결코 과장된 표현이 아님을 알게 될 겁니다.

칼빈은 오늘날 우리가 '난민선교'라고 부르는 사역도 했습니다. 그가 제네바에 정착해 목회를 시작하자, 유럽의 전역으로부터 많은 사람들이 로마교회의 핍박을 피해 제네바로 몰려들었습니다. 때문에 칼빈과 제네바교회는 난민들을 돌보기 위해 병원을 세웠고, '프랑스 기금', '이탈리아 기금', '독일기금' 등을 조성해 그들을 보호하고 도왔습니다. 특히 '프랑스 기금'은 자선뿐만 아니라 프랑스어 성경과 시편 찬송가, 교리문답 등을 프랑스에 전달하기 위해서도 사용되었습니다. 이는 오늘날 문서전도에 해당한다고 볼 수 있습니다.

칼빈은 난민들에게 바른 복음과 성경을 가르쳤습니다. 그리고 그들 가운데 목사를 세워 유럽의 여러 나라들로 파송했습니다. 제네바교회에서 칼빈에게 배우고 도전받은 많은 프랑스 목사들은 선교의 비전을 가지고 프랑스로 돌아가 교회를 세웠습니다. 칼빈이 목회하던 시기에 작성된 제네바의 목사회의록에는 1555~1562년에 제네바교회가 다른 지역에 파송한 88명의 목사 이름이 기록되어 있습니다. 그 회의록에 따르면, 1561년 한 해 동안만 142명이 넘는 목사들이 프랑스로 파송되었습니다. 그 결과 1559년에는 프랑스 전역에 5개밖에 없었던 개혁교회가 1562년에는 2,150개로 급성장했습니다. 이렇듯 칼빈이 목회하던 제네바교회는 목사들을 참된 복음과 바른 신학으로 무장시켜 프랑스뿐만 아니라 독일, 스코틀랜드, 잉글랜드, 네덜란드, 동유럽 등으로 파송하여 그 지역에 교회를 세우도록 지원했습니다.

칼빈이 선교에 대한 열정을 가지고 있었다는 사실은 브라질에 선교사를 파송한 일에서도 분명하게 드러납니다. 칼빈은 빌가뇽(Villegagnon)이라는 사람의 요청을 받고 제네바교회에서 신학을 공부하던 피에르 리세(Pierre Richier)와 기욤 르띠에(Guillaume Charretier)를 선교사로 선발하여 12명의 학생들과 함께 브라질로 파송했습니다. 이들은 브라질 원주민들에게 복음을 전하려는 열정이 있었지만, 안타깝게도 빌가뇽의 변심으로 이 선교사역은 중단되었습니다. 그럼에도 이들을 최초의 개신교 선교사들로 보는 데는 무리가 없습니다. 이런 이유로 필립 휴즈(Philip E. Hughes)는 칼빈

[그림 1] 칼빈과 제네바교회가 14명의 선교사를 파송했던 브라질 지역을 보여주는 지도

을 '선교의 지도자'라고 불렀습니다. 종교개혁이라는 큰 과제와 로마교회의 파상적인 공세에 대응하면서도 해외에 선교사를 파송한 것은, 그만큼 선교에 대한 열정과 하나님의 나라의 확장에 대한 비전과 헌신이 있었기 때문이라고 할 수 있습니다.

그런데 종교개혁자들이 선교에 대한 열정과 바른 이해를 가졌다 하더라도, 이를 실행에 옮기는 데는 많은 제약과 한계가 있었습니다. 무엇보다 선교를 위해서는 참된 복음과 참된 교회가 있어야 했습니다. 왜냐하면 참된 복음이 있어야 선교가 가능하며, 또한 참된 교회가 있어야 선교를 통해 참된 교회를 세울 수 있었기 때문입니다. 따라서 종교개혁자들은 선교를 위해 먼저 참된 복음을 회복하고 참된 교회를 세워야만 했습니다. 이것이 그들에게 주어진 선교의 사명이었습니다. 이런 사명 아래 종교개혁자들이 행한 가장 중요한 일은 성경의 가르침에 따라 선교의 원리를 제시하는 것이었습니다. 그 원리는 첫째, 선교를 하나님의 이름이 이방인들 가운데서도 영화롭게 되도록 하나님의 나라를 확장하는 것으로 이해하는 것, 둘째, 그것은 이방인 가운데 복음을 전해 하나님께서 택하신 백성을 불러 모음으로써 이루어진다는 것, 그리고 셋째, 그 일을 위해 그리스도인들이 자신의 사명을 다해야 한다는 겁니다. 이 같은 선교의 원리는 종교개혁의 뒤를 이은 다음 세기에 교회가 선교에 나설 수 있도록 만드는 발판이 되었습니다.

종교개혁 이후에 일어난 선교운동은 종교개혁의 결과였습니다. 왜냐하면 종교개혁자들의 후예들이 종교개혁자들로부터 선교의 도전을 받고 선교의 명령에 순종했기 때문입니다. 만일 선교에 대한 종교개혁(특히 칼빈)의 가르침과 선교신학이 없었다면, 17세기 이후 그들이 그렇게 열정적으로 선교에 헌신할 수 없었을 겁니다. 그래서 아브라함 카이

퍼(Abraham Kuyper)는 1890년 암스테르담에서 열린 제1차 개혁교회 세계선교대회의 주제 강연에서 '개신교 선교사상은 칼빈에서 시작된다'고 말했던 겁니다. 이에 대해 챠니(Chaney)라는 신학자 역시 칼빈의 선교 사상이 '전 세계 개신교 선교 사상의 기초와 틀을 제공했다'고 올바로 평가했습니다.

아브라함 카이퍼와 챠니가 주장한 것처럼, 종교개혁이 어느 정도 뿌리를 내리고 안정화되자 개혁주의 교회는 곧장 선교에 나섰습니다. 칼빈에게서 직접 배우고 영향을 받았던

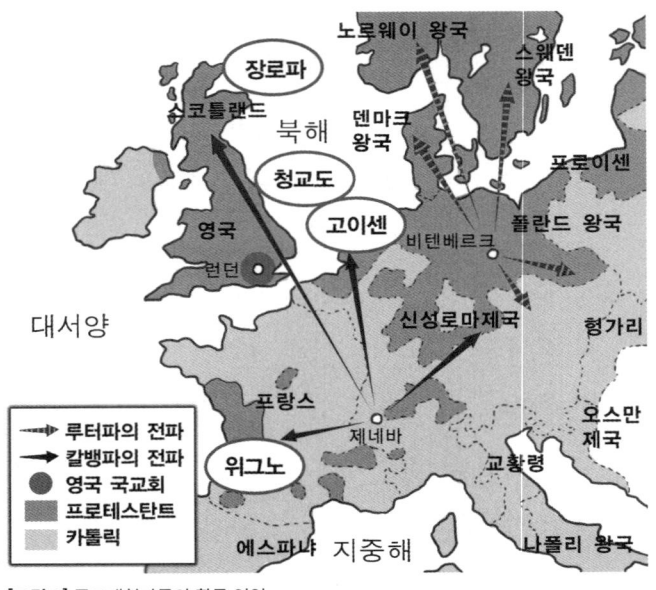

[그림 2] 종교개혁자들의 활동 영역

17세기 네덜란드 교회의 지도자들은 네덜란드에 개혁교회를 세우고, 1618년 개혁주의 신앙에 입각한 「도르트 신경」(*Canons of Dordt*)을 작성했습니다. 이 신경은 "모든 사람에게, 모든 민족에게, 동등하면서도 차별 없이, 회개하고 믿음을 가지라는 명령이 전파되고, 선포되어야 하는 것이 복음의 약속이다."라는 간결하면서도 힘차고 분명한 고백을 담고 있습니다. 이런 분위기에서 17세기 초 성경의 원리와 가르침에 따라 선교학의 기초를 놓은 '최초의 개신교 선교학자'인 보에티우스(Voetius)가 등장하게 됩니다.

화란의 개혁주의 영향을 받은 청교도들 역시 하나님의 영광과 영혼구원에 대한 열정에 사로잡혀서 적극적으로 선교에 나섰습니다. 그 가운데 가장 잘 알려진 사람은 '인디언의 사도'라는 칭호를 얻은 존 엘리엇(John Eliot)입니다. 영국에서 태어난 존 엘리엇은 1631년에 신대륙으로 건너가 최초로 아메리카 인디언들에게 복음을 전한 선교사였습니다. 그는 알곤퀸(Algonquin)이라는 인디언 부족들과 함께 거주하며 복음을 전했고, 그들의 언어로 성경을 번역해 1661년에 신약성경을, 1663년에 구약성경을 번역했습니다. 그리고 1690년에 85세의 나이로 죽기까지 인디언 선교를 위해 최선을 다했습니다. 이 같은 그의 헌신적인 사역으로 이후 인디언들을 향한 선교의 문이 활짝 열렸습니다. 뿐만 아니라 그의 선교 사상과 방법은 인디언 선교를 넘어 18세기 독일의 모라비안 선교사들과 '현대 선교의 아버지'라 불리는 윌리엄 케리(William Carey)에게 큰 영향을 미쳤습니다.

이렇게 해서 라토렛이 '위대한 선교의 세기'라고 부른 19세기의 선교가 태동된 겁니다. 즉 '위대한 선교의 세기'는 종교개혁자들이 온갖 어려움과 박해를 견뎌내며 참된 복음과 교회를 회복한 결과였던 겁니다. 종교개혁자들이 주석과 설교, 그리고 행동을 통해 선교의 중요성을 강조하고 선교의 원리와 방향을 제시하지 않았다면, 오늘날과 같은 복음의 세계적인 확장은 이루어지기 어려웠을 겁니다.

3) 선교의 사명: 참된 복음의 회복과 교회의 개혁

앞에서 본 것처럼, 종교개혁자들은 선교의 사람이었습니다. 그들은 하나님께서 주신 선교명령에 교회와 그리스도인이 최선을 다해 순종해야 한다고 가르쳤습니다. 또한 종교개혁자들은 사도들이 가르치고 행동으로 보여준 선교에 관한 청사진을 되찾았습니다. 그리고 그 청사진을 따라 선교가 수행되도록 했습니다. 하지만 그들은 하나님께서 자신들에게 주신 우선적인 선교의 사명은 참된 복음을 회복하고 교회를 개혁하는 것이라고 믿었습니다.

종교개혁자들이 참된 복음을 회복하고 교회를 개혁하는 일에 삶의 전부를 바친 것은, 참된 복음과 참된 교회라는 튼튼한 기초가 없으면 세계의 모든 민족과 족속에게 복음을 전하고 그들로 하여금 하나님을 찬양하는 백성이 되게 할 수 없다고 확신했기 때문입니다. 선교의 관점에서 보면, 종교개혁자들이 한 일은 크고 웅장한 건물을 건축하기 위해 기초를 놓는 것이었습니다. 그리고 그들이 튼튼한 기초를 세운 덕분에 오늘날 우리가 모든 세계와 민족들을 향해 힘차게 복음을 전하고 있는 겁니다. 이처럼 크고 웅장한 건물을 위해 기초를 놓은 사람들에게 건물을 지을 생각이 없었다거나 건축을 몰랐다고 비난하는 것은 정당하지 않은 평가입니다. 참된 복음과 참된 교회라는 기초 위에 세워지지 않은 건물은, 비록 이름은 선교일 수 있더라도 결국 종교의 전파와 교세의 확장이라는 모래 위에 세운 불법 건축물에 지나지 않을 겁니다.

① 참된 복음의 회복

종교개혁 당시 로마교회는 잘못된 일을 많이 했습니다. 그 가운데 가장 큰 잘못은 복음을 왜곡하고 변질시킨 겁니다. 즉 성경에 기록된 순수한 복음에, 여러 가지 이교적이고 세속적인 가르침에서 유래한 자신들의 전통을 뒤섞은 겁니다. 이는 몇 가지 예만 들어도 쉽게 알 수 있습니다. 먼저 기도에 관하여 로마교회는 예수님께만 기도하는 것보다 마리아에게 기도하는 것이 더 효과적이라고 가르쳤습니다. 회개도 사제에게 고해성사를 해야 예수님께서 받으신다고 가르쳤습니다. 특히 구원에 관하여서는, 믿음으로 구원이 시작되지만, 믿음으로만 구원을 받을 수 있는 것은 아니라고 가르쳤습니다. 믿음에 선행을 더하거나 믿음으로 선행을 쌓아야만 구원이 온전히 이루어질 수 있다는 것이었습니다. 이런 식으로 로마교회는 하나님의 의를 인간의 의로 대체하거나, 하나님의 은혜에 인간의 공로를 더함으로써 복음을 왜곡했습니다. 이런 복음은 "사람이 의롭게 되는 것은 율법의 행위로 말미암음이 아니요 오직 예수 그리스도를 믿음으로 말미암는 줄 알므로 우리도 그리스도 예수를 믿나니"(갈라디아서 2장 16절)라는 성경의 가르침을 거부하는 겁니다. 또한 인간의 의를 내세우기 위해 하나님의 은혜를 폐하는 것이요, 예수님의 죽음을 헛되게 하는 겁니다(갈라디아서 2장 21절).

종교개혁 당시에는 이런 식으로 복음이 심각하게 왜곡되어 있었습니다. 성인숭배, 연옥, 화체설과 같은 수많은 이교도들의 가르침과 혼합되어 돌이킬 수 없는 지경에 이르렀습니다. 성경이 아무리 선교를 명령하고 또 선교의 열정이 충분하다 하더라도, 이런 '다른 복음'(갈라디아서 1장 6절)으로는 이방 사람들에게 나아갈 수 없었습니다. 왜냐하면 그것으로는 하나님을 알지 못하는 이방 사람들을 회심시키거나 그들로 하여금 하나님의 참된 백성이 되도록 하지 못할 것이었기 때문입니다. 실제로 이 '다른 복음'이 전파된 지역을 보면, 그 지역에 세워진 교회들에 이교적이고 미신적인 요소들이 심각하게 혼합되어 있는 것을 볼 수 있습니다.

왜곡되고 혼합된 '다른 복음'은 개인적인 신앙생활도 타락시킵니다. 왜냐하면 그것은 하나님의 백성을 불러내어 그들을 거룩한 백성으로 만들어 가는 능력이 없기 때문입니다. 그것은 하나님께서 이방인들 가운데서 불러내어 그분의 백성으로 삼으신 예수님의 몸된 교회가 아니라, 이름은 교회이지만 다른 종교인들의 모임과 차별이 없는 종교모임을 만들어 낼 뿐입니다. 그렇기 때문에 종교개혁자들은 오직 성경(*Sola Scriptura*), 오직 믿음(*Sola Fide*), 오직 은혜(*Sola Gratia*), 오직 그리스도(*Solus Christus*)를 표방하며 오직 하나님께 영광이(*Soli Deo Gloria*) 돌아가도록 자신의 삶을 복음을 회복하는 일에 바쳤던 겁니다.

② 교회의 회복

복음의 회복과 더불어 종교개혁자들이 가장 심혈을 기울인 것이 교회의 개혁이었습니다. 종교개혁 직전의 교회는 세상과 다를 바 없는, 아니 세상보다 더 부패한 상태였습니다. 로마교회의 교황은 자신의 절대권력을 이용해 성직을 매매했고, 가난한 농부들에게 면죄부를 팔아 부를 축적했습니다. 더군다나 그것으로도 부족해 자신의 권력을 대외적으로 확장하기 위해 무슬림들이 예루살렘을 점령하고 성지순례를 방해한다는 명분을 내세워, 1096년부터 1270년까지 200년 동안 십자군 전쟁을 일으켜 무슬림들에게 십자가와 복음에 크나큰 오해와 증오심을 가지게 했습니다. 그중에서도 4차 십자군 원정대는 1204년 4월 12일에 동방교회의 중심지인 콘스탄티노플을 점령한 뒤, 3일 동안 잔인한 약탈과 학살, 방화를 저질러 동방교회 그리스도인들에게 결코 치유되지 않을 깊은 상처를 남겼습니다. 십자군 전쟁은 그야말로 교회역사에서 가장 부끄러운 일이었습니다.

종교개혁 당시 로마교회는 포르투갈과 스페인이 점령한 신대륙에 많은 선교사를 파송했습니다. 이들은 대개 중세에 설립된 프란체스코 수도회, 도미니크 수도회, 아우구스티누스 수도회에 속한 수도사들이었습니다. 이들 수도회는 처음에는 경건하고 좋은 목적으로 설립되었지만, 종교개혁 당시에는 극도로 부패한 상태에 있었습니다. 수도원과 수도회의 부패는 교회의 타락과 맥락을 같이합니다. 아우구스티누스 수도회 출신이었던 루터는 이러한 사실을 누구보다도 잘 알고 있었습니다. 그래서 종교개혁 이후의 개혁교회는 수도회와 같은 독립된 기관을 두지 않았습니다.

선교는 교회가 복음을 들고 세상으로 나아가 세상과 사람들을 변화시키는 겁니다. 그러나 종교개혁 이전에는 세상이 교회로 들어와 교회와 성도들을 세속화시켰습니다. 이런 타락한 교회와 성도들로는 참 하나님의 백성과 참 예수님의 몸을 세울 수가 없었습니다. 그래서 종교개혁자들은 자신들의 선교의 일차적인 사명을 교회 내부로 향하게 했던 겁니다. 루터는 『독일 미사 경본』(1526년) 서문에서 교회 내에는 "아직 믿음이 없거나 기독교인들이 되지 못한 많은 사람들이 있어서 대부분의 교인들은 마치 우리가 터키인이나 이교도 가운데서 신에게 예배를 드리는 것과 똑같이, 거기 서서 뭔가 새로운 것이 있는가 하고 바라볼 뿐이다."라고 말했습니다. 즉 교회가 무슬림이나 이교도들의 지역처럼 동일한 선교지라고 말한 겁니다.

칼빈 역시 참된 교회를 회복하는 것을 자신의 선교로 확신하고 교회개혁에 집중했습니다. 그는 하나님의 말씀으로 교회를 개혁하고 제네바를 하나님의 말씀이 다스리는 도시로 만들고자 했습니다. 또한 그는 교회가 국가와 영합하게 되면 세속화가 일어난다고 생각해서, 교회를 국가로부터 독립시키고자 14년 동안이나 제네바 의회와 싸웠습니다. 그리고 교회가 국가로부터 독립하자, 칼빈은 죽을 때까지 프랑스와 온 유럽, 나아가 브라질에까지 복음을 전파하고 개혁된 교회를 세우는 데 전력을 다했습니다.

칼빈은 유럽 전역에서 제네바로 온 사람들을 받아들였습니다. 그리고 이들을 하나님의 말씀과 바른 신학으로 무장시켜 다시 프랑스, 독일, 스코틀랜드, 잉글랜드, 네덜란드 등 유럽 전역으로 파송해 그곳에 개혁교회를 세우도록 지원했습니다. 그 결과 제네바에서 훈련을 받았던 기도 드 브레(Guido de Bres), 필립스 단테누스(Philips Danthenus)에 의해 네덜란드 개혁교회의 신앙고백서인 「벨직 신앙고백서」(*Belgic Confession*)가 작성되었고, 제네바에서 영어권 난민 교회를 맡아 목회를 했던 존 녹스(John Knox)에 의해 「스코틀랜드 신앙고백서」도 만들어졌습니다. 뿐만 아니라 토마스 카트라이트(Thomas Cartwright)도 잉글랜드에 장로교회를 세웠습니다. 그리고 앞에서 언급한 것처럼, 브라질에 선교사까지 파송했습니다. 개혁된 참된 교회가 또 다른 참된 교회를 세워가는 선교가 이루어진 겁니다.

피터 윌콕스(Peter Wolcox)는 그의 박사학위 논문에서 칼빈의 사역을 둘로 나누었는데, 먼저 1536년에서 1555년까지를 '교회 개혁의 시기'로, 그리고 1556년에서 1564년까지를 '외부 선교의 시기'로 구분했습니다. 그런데 이것을 조금 다듬어 '교회 내부를 향한 선교의 시기'와 '외부를 향한 선교의 시기'로 구분하는 것이 더 정확한 평가라고 할 수 있습니다.

오늘날 우리의 관점에서는 교회개혁을 선교로 보지 않습니다. 따라서 종교개혁자들을 선교사라고 부르지도 않습니다. 그러나 이런 잣대를 종교개혁자들에게 사용하는 것은 정당하지 않습니다. 사실 당시에는 선교사와 개혁자, 또는 선교와 교회개혁이 따로 구분되지 않았습니다. 종교개혁 이후 17세기에 네덜란드에서 활동했던 개혁주의 선교학자 보에티우스도 타락한 교회를 갱신하는 일도 선교에 포함시켰습니다. 이는 종교개혁 이후 한 세기가 지났지만, 여전히 교회개혁이 요구되었기 때문입니다. 그러므로 참된 복음을 회복하고 교회를 개혁하는 것을 선교로 받아들이고, 이를 위해 전력을 다한 종교개혁자들의 결정은 옳았다고 할 수 있습니다. 그들에게서 시작한 참된 복음의 회복과 교회개혁 운동으로 인해 전 세계를 향해 나아가는 위대한 선교의 세기가 도래되었기 때문입니다.

■ 정리

종교개혁이 선교에 끼친 영향은 종교개혁자들의 사역을 올바로 평가하는 데서 출발해야 합니다. 어떤 사람들의 주장처럼, 종교개혁자들은 결코 선교에 무관심하지 않았습니다. 그들의 신학에 선교가 부재한다거나, 그들이 가르친 교리가 선교에 장애가 된다는 주장은 그들의 가르침과 설교를 제대로 읽지 않았기 때문입니다. 오히려 종교개혁자들은 선교의 사람들이었습니다. 그들은 교회가 복음을 가지고 세계로 힘차게 나아갈 수 있도록 토대를 놓아주었습니다. 그러한 토대는 참된 복음의 회복과 교회의 개혁만이 아니라 선교에 대한 성경적인 가르침, 즉 선교의 신학과 방법, 불신자들에 대한 태도 등 많은 것을 포함합니다. 다음 장부터는 이것들을 살펴보도록 하겠습니다.

◈ 토론을 위한 질문 ◈

1) 종교개혁자들이 선교에 관심이 없었다고 주장하는 사람들은 무엇을 근거로 그렇게 주장하는 걸까요? 그런 주장에 대해 여러분은 어떻게 생각하나요?

2) 종교개혁자들이 선교에 끼친 가장 중요한 영향은 무엇이라고 생각하나요?

3) 타락한 교회가 선교를 하면 어떤 일이 일어날까요?

Reformed

제2장

선교의 목적
: 하나님께 영광
Soli Deo Gloria

　종교개혁자들이 선교에 공헌한 또 다른 중요한 일은 선교의 목표를 올바르게 제시한 겁니다. 선교의 목표가 올바르지 않다면, 성경이 말하는 바른 선교와 좋은 열매에 다다를 수 없습니다. 그런데 오늘날 현대의 자유주의 신학에서는 '사회정의와 평화의 실현', 즉 사회의 불평등을 없애고 모든 분쟁과 갈등을 해소하여 평화를 이루는 것을 선교의 목표로 설정합니다. 그리고 이러한 목적을 위해 빈민구제, 정의를 위한 투쟁, 사회개선, 종교 간의 대화 등을 추구해야 한다고 합니다. 물론 '사회정의와 평화의 실현' 자체는 하나님께서도 기뻐하시는 일이지만, 그렇다고 이것이 성경이 말하는 선교의 목적이 되는 것은 아닙니다.

이와 달리 어떤 사람들은 선교의 목적이 예수님의 재림을 촉진시키는 것이라고 말하기도 합니다. 이들은 "천국 복음이 온 세상에 전파되리니 그제야 끝이 오리라"(마태복음 24장 14절)라는 말씀을 들어 그리스도인들은 예수님께서 속히 재림하시도록 가능한 모든 방법과 역량을 동원해 땅 끝까지 복음을 전해야 한다고 생각합니다. 그래서 대규모로 사람들을 동원하고 다양한 선교운동(movement)을 전개합니다. 마치 그리스도인들의 노력 여하에 따라 예수님께서 재림하실수도 있는 것처럼 말입니다. 물론 천국 복음이 온 세상에 전파되면 예수님께서 재림하시겠지만, 그렇다고 그것이 성경이 말하는 선교의 목적이 되는 것도 아닙니다.

그 외에도 영혼의 구원이나 하나님을 모르고 죽어가는 영혼들에 대한 연민, 교회의 확장 등을 선교의 목적과 동기로 제시하기도 합니다. 물론 이러한 것들 모두가 선교에서 중요한 부분입니다. 하나님께서는 모든 사람을 사랑하시며 한 사람도 멸망되는 것을 원하시지 않습니다. 무엇보다도 한 영혼을 소중하게 여기시며 그들을 구원하시기 위해 수고하십니다. 따라서 한 생명을 위해 모든 것을 내줄 수 있는 사랑이 없는 사람은 선교를 할 수 없습니다. 또한 교회가 흥왕하며 하나님의 나라가 확장되기를 간절히 열망하는 마음이 없는 사람도 선교에 나설 수 없습니다. 하지만 그럼에도 종교개혁자들은 이러한 일들(인간적인 성취나 보람, 영혼에 대한 사랑, 교회의 확장 등)을 선교가 지향하는 궁극적인 목표로 제시하지 않았습니다. 그보다 그들이 제시한 선교의 궁극적인 목적은 오직 하나님을 영화롭게(*Gloria Dei*) 하는 것이었습니다.

1) 선교의 목적: 하나님의 영광

종교개혁자 칼빈은 선교의 목적이 삼위 하나님의 복음을 선포함으로써 온 세상에 하나님의 나라가 확장되도록 하고, 그것을 통해 모든 사람이 하나님께 영광을 돌리게 하는 것이라고 말했습니다. 이는 그가 빌가뇽의 요청을 받고 브라질에 선교사를 파송하려고 준비하던 1556년 3월에 행한 다음의 설교에 잘 나타나 있습니다.

> 우리는 이 땅의 모든 사람들을 하나님에게로 이끌고자 애써야 합니다. 그것은 사람들이 다 일치된 가운데서 하나님을 찬양하고 모든 사람들이 그 분을 섬기게 하기 위해서입니다. 우리가 하나님께서 우리 아버지라는 사실을 안다면 그분께서 모든 사람에게 알려지시기를 원해야

하지 않겠습니까?

종교개혁자들이 선교의 목표가 하나님을 영화롭게 하는 것이라고 가르친 것은 자신들의 생각이나 판단에서 나온 것이 아니라 성경의 말씀에 따른 겁니다. 예를 들어, 시편 67편의 기자는 하나님께서 자신들에게 복을 내려주셔서 주의 도와 구원이 모든 나라에게 알려지게 되고, 그래서 '모든 민족들이 주를 찬송하게 하시기를'(시편 67편 2절) 간구합니다. 시편 83편의 기자도 하나님의 백성을 위협하는 자들에게 하나님께서 능력을 보여주셔서 '여호와라 이름하신 주만 온 세계의 지존자로 알게' (시편 83편 18절)해달라고 간구합니다. 하박국 선지자는 여호와께서 바벨론과 모든 세상의 영광을 파괴하시고 '물이 바다를 덮음 같이 여호와의 영광을 인정하는 것이 세상에 가득하게 될 것'이라고 예언합니다(하박국 2장 14절).

예수님께서도 자신의 오심과 사역이 성부 하나님께서 자신에게 명하신 일(구속사역)을 이루어 성부 하나님을 이 '세상에서 영화롭게 하는 것'(요한복음 17장 4절)이라고 말씀하셨으며, 제자들에게도 '하나님의 이름이 거룩히 여김을 받으시도록' 기도하라고 가르치셨습니다. 부활하신 예수님을 만나 이방인의 사도로 부르심을 받은 바울도 '모든 이방인 중에서 믿어 순종하게 하는' 자신의 사역이 '그의 이름을 위함'이라고 밝히고 있습니다(로마서 1장 5절). 따라서 바울이 일평생 모든 힘을 다해 선교한 이유는 하나님의 이름에 합당한 영광과 존귀를 돌리기 위함이었다고 할 수 있습니다.

그런데 오늘날 대부분의 그리스도인들은 예수님께서 명령하신 대위임령(마태복음 28장 18~20절)에 대한 순종과 영혼에 대한 사랑, 구령의 열정 등의 이유로 선교를 합니다. 하지만 종교개혁자들은 이런 것들에 앞서 삼위 하나님의 영광이 가장 우선되는 선교의 목적이라고 가르쳤습니다. 따라서 개혁주의를 따르는 교회와 성도들은 이방인 가운데서 하나님이 아니라 다른 우상들이 존귀함을 받는 상황에 대해 가슴 아파하면서, 마땅히 높임을 받아야 할 하나님의 이름이 모든 민족 가운데 알려지고 존귀함을 받도록 하기 위해 온 세계를 향해 복음을 전했습니다. 이런 점에서 선교는 인간적인 동기로 시작되어서도, 인간적인 방법이 동원되어서도, 인간의 노력이나 성취를 드러내려고 해서도 안 되는 겁니다.

하지만 종교개혁자들이 되찾은 '하나님의 영광'이라는 선교의 목적은 19세기 서구국가들에서 일어난 계몽주의와 식민주의의 영향으로 다시 변질되기 시작했습니다. 먼저 계몽주의 영향을 받은 서구교회는 선교의 동기와 목적을 하나님의 영광에서 무지와 비극적인 상황에 있는 인류에 대한 사랑으로 대체시켰습니다. 그리고 시간이 지나면서 인류에 대한 사랑은 다시 가난하고 낙후된 비서구 사람들에 대한 자선으로 바뀌었습니다. 그러다가 20세기 초 사회주의의 영향을 받으면서 선교의 목적은 평등과 사회정의를 추구하는 사회복음으로 옮겨졌습니다.

이렇듯 선교에서 하나님의 영광보다 인간의 필요와 열망이 더 중요한 위치를 차지하게 되면서 선교는 방향을 상실하게 되었습니다. 선교가 목표를 상실하면, 선교사는 자선을 베푸는 후원자로, 선교지의 사람들은 자선을 받는 수혜자로 인식하게 됩니다. 그리고 이것은 그들의 관계를 복음 안에서 예수님의 한 몸이 아니라 종속관계 또는 의존관계로 바꿔버립니다. 따라서 만일 선교를 영적, 육적으로 가난하고 불쌍한 사람들을 돕는 것이라고 생각하는 사람이 있다면, 그는 종교개혁자들이 회복했던 '하나님의 영광'이라는 성경적 가르침으로 빨리 돌아가야 합니다. 선교의 목적은 구제나 교육, 도움을 주는 것에 있지 않습니다. 그런 것이 선한 것이고 또 꼭 필요한 것이지만, 선교의 목적이 될 수는 없습니다.

다시 말하지만, 선교의 목적은 모든 사람이 하나님을 알고 그분께 합당한 영광을 돌리도록 하는 겁니다. 이런 선교의 목적만이 우리로 하여금 열정적이고 바른 선교를 위해 최선을 다하도록 할 겁니다. 그리고 선교의 풍성한 열매 앞에서도 우리의 능력과 활동을 자랑하지 않고, 시편 115편의 기자가 간구한 것처럼, 오직 하나님의 이름에만 영광을 돌리게 할 겁니다. "여호와여 영광을 우리에게 돌리지 마옵소서 우리에게 돌리지 마옵소서 오직 주는 인자하시고 진실하시므로 주의 이름에만 영광을 돌리소서"(시편 115편 1절)

2) 삼중목적을 통한 하나님의 영광

칼빈은 다니엘서 13장 2절을 주석하면서 하나님의 영광을 위해 복음을 전파하는 것이 하나님의 자녀에게 공통된 의무라고 강조했습니다. 또한 이사야 2장 2절의 주석에서는 하나님의 자녀가 삼위일체 하나님의 복음을 신실하게 선포할 때 예수님의 나라가 확장되며, 그 나라는 그분께서 다시 오셔서 우리의 구원을 완성하실 때까지 중단 없이 전진될 것이라고 말했습니다.

이런 가르침을 화란의 개혁주의 신학자인 보에티우스는 자신의 책 『교회의 정치』(*Politica Ecclesiastica*)에서 '선교의 삼중 목적'이라는 이름으로 구체화했습니다. 그는 선교를 이방인의 회심, 교회의 설립, 하나님의 나라의 확장이라는 세 가지 목적을 통해 하나님의 은혜의 영광을 드러내는 것이라고 말했습니다. 물론 이 세 가지의 목적은 서로 분리되는 것이 아니라 서로 긴밀하게 연관된 겁니다. 아래에서는 이에 대해 좀 더 구체적으로 설명하겠습니다.

① 하나님의 나라의 확장을 통한 하나님의 영광

구약성경은 하나님의 백성들이 모든 피조세계가 창조주 하나님께 영광을 돌리게 되는 것을 열렬히 소망하고 있었음을 보여줍니다(민수기 14장 16절, 시편 67편, 시편 72편 17~19절). 예를 들어, 선지자 에스겔은 나라를 잃고 포로가 되어 유배생활을 하는 가운데서도 하나님의 영광이 온 세계에 가득하게 될 것이라는 기대를 잃지 않았습니다. 하나님께서 "이같이 내가 여러 나라의 눈에 내 위대함과 내 거룩함을 나타내어 나를 알게 하리니 내가 여호와인 줄을 그들이 알리라"라는 말씀을 그에게 주셨기 때문입니다(에스겔 38장 23절). 선지자 하박국도 하나님께서 오만한 바벨론과 세상의 모든 영광을 파괴하시고 '물이 바다를 덮음 같이 여호와의 영광을 인정하는 것이 세상에 가득하게 될 것'이라는 소망의 메시지를 받았습니다(하박국 2장 14절). 이렇듯 구약의 이스라엘 백성들은 하나님의 전능하심 아래 이루어질 장엄한 역사를 바라보며 하나님께 영광을 돌렸습니다.

그러면 신약성경은 어떠할까요? 신약성경 역시 선교가 하나님의 나라를 확장함으로써 하나님께 영광을 돌리는 데 있음을 직접적으로 선포합니다. 예를 들어, 복음서에서 예수님께서는 하나님의 나라가 가까웠다고 선포하시면서 사역을 시작하셨으며(마태복음 4장 17절, 마가복음 1장 15절), 자신의 오심과 구속사역도 성부 하나님을 이 세상에서 영화롭게 하기 위함이라고 말씀하셨습니다(요한복음 17장 4절). 뿐만 아니라 사도 바울도 성경 곳곳에서 하나님의 나라가 성취되어 하나님께 합당한 영광이 돌려지는 데 선교의 목적이 있다고 말했습니다(에베소서 1장 9~12절, 고린도전서 15장 24~28절).

② 교회의 설립과 확장

선교는 교회의 설립과 확장을 목적으로 합니다. 그것은 교회의 설립이 하나님의 나라의 확장과 직접적으로 관련되기 때문입니다. 교회의 설립이 없으면, 하나님의 나라의 확장도 일어나지 않습니다. 하나님의 나라는 하나님의 백성의

연합체요, 하나님의 나라를 위한 봉사의 손인 교회를 통해 확장되는 겁니다. 예수님께서도 이러한 기대를 가지고 교회를 "주는 그리스도시요 살아계신 하나님의 아들이시니이다"라는 신앙고백 위에 세우시겠다고 말씀하신 겁니다(마태복음 16장 18절). 사도 바울 역시 교회를 '그리스도의 몸'으로(에베소서 1장 23절), 또는 예수님 안에서 건물마다 서로 연결하여 하나님께서 거하실 성전이 되어가는 것으로 말합니다(에베소서 2장 20~22절).

교회가 하나님의 나라와 동일한 것은 아니지만, 교회 없이는 하나님의 나라가 임하지 않습니다. 하나님께서는 교회를 통해 모든 민족 가운데서 자기 백성들을 불러 모으시고, 그들을 통치하시며, 그들이 드리는 찬송과 영광을 받으십니다. 그러므로 하나님께서 통치하시고 영광 받으시는 하나님의 나라의 확장을 위해 교회는 모든 민족과 족속으로 확장되어야 합니다.

③ 이방인의 회심

이방인의 회심은 교회설립의 필수적인 요소입니다. 복음전파를 통해 하나님을 알지 못하는 이방인이 회심하지 않으면, 교회가 세워지지 않기 때문입니다. 따라서 이방인의 회심이 선교의 목적이 되는 겁니다. 그런데 이방인의 회심을 말할 때 명심해야 할 것이 있습니다. 그것은 회심이 단순히 종교를 바꾸는 '개종'을 의미하는 것이 아니라는 겁니다. '개종'은 이방인이 자신의 종교를 버리고 기독교를 받아들이는 것을 말할 뿐입니다. 여기에는 그 사람의 내면의 세계가 바뀌는 것이 포함되지 않습니다. 그러나 '회심'은 다릅니다. '회심'은 성령의 구원사역으로 인해 한 사람이 죄의 사슬을 끊어버리고 옛 생활에서 완전히 돌아서서 마음과 뜻을 다해 예수님께 복종하는 것을 의미합니다. 이런 점에서 선교는 전도에 머물러서는 안 됩니다. 즉 믿지 않는 사람을 교회로 나오게 해서 기독교인으로 만드는 것에 멈추어서는 안 됩니다. 그보다 그를 복음으로 회심시켜 믿고 순종하는 데까지 나아가게 해야 합니다. 그런 사람만이 그리스도의 몸을 이루어 하나님의 나라를 확장하고, 하나님께 영광을 돌릴 수 있기 때문입니다.

개혁주의 선교가 지향하는 선교의 세 가지 목적이 실제로 수행될 때는 먼저 이방인의 회심, 그 다음 교회의 설립, 그리고 하나님의 나라의 확장을 통한 하나님의 영광이라는 순서로 이루어집니다. 선교는 먼저 복음을 전파해 이방인들을 회심시키고 제자로 삼아야 합니다. 복음전파를 통한 회

[그림 3] 성경을 받아들고 기뻐하는 네팔 그리스도인들. 네팔은 30년 전까지만 해도 거의 그리스도인이 없었지만, 지금은 서남아시아 복음의 중심지가 되었다.

심 없이는 교회가 세워지지 않습니다. 회심한 사람들로 교회가 세워지면, 그들 가운데 지도자를 세워서 다른 성도들을 돌보고 양육하게 해야 합니다. 그리고 양육된 성도들을 세상으로 파송해 말씀에 따라 살도록 해야 합니다. 이처럼 하나님의 나라는 세상과 구별되는 교회와 세상으로 파송받은 성도들의 다양한 활동과 봉사를 통해서 확장됩니다. 그리고 이를 통해 하나님의 이름이 영광을 받게 되는 겁니다.

또한 세워진 교회는 또 다른 교회를 세워야 합니다. 개혁주의 선교는 이렇게 재생산해내는 교회를 세우는 데 목적을 둡니다. 곧 수직적으로는 다음 세대에, 수평적으로는 불신자들에게 복음을 전함으로 재생산을 이루어 내는 교회를 설립하는 겁니다(디모데후서 2장 2절). 종교개혁자들도 단지 자신이 속한 교회를 개혁하는 데 만족하지 않았습니다. 그들은 참된 복음 위에 세워진 교회가 또 다른 교회를 세우도록 동기를 부여하고, 교회 개척자들을 파송했습니다. 그런데 재생산하는 교회를 세우기 위해서는 먼저 그 교회가 선교사나 외국교회의 도움을 받지 않고, 자치, 자전, 자립하는 토착교회가 되도록 해야 합니다. 따라서 선교사와 외국교회의 무분별한 지원은 선교지의 교회에 도움이 되기보다 선교사나 외국교회에 의존하고 종속되게 하는 부정적인 결과를 만듭니다. 그런 교회는 또 다른 교회를 세우기 어렵습니다. 그러므로 그런 교회를 세우는 것을 바른 선교라 말할 수 없습니다. 진심으로 선교지의 성도들과 교회를 사랑하는 것은 물질적인 도움이 아니라 그들이 하나님의 능력과 도움으로 어려움을 이겨내고 스스로 일어설 수 있도록 함께 인내하고 기도하는 겁니다.

■ 정리

헌신과 열심만으로 바른 선교가 이루어지는 것은 아닙니다. 선교의 목적과 방향이 바르지 않으면, 헌신과 열심은 오히려 문제를 만들 수 있습니다. 잘못된 목표를 향해 달려가면 달려간 만큼 목표에서 멀어지게 됩니다. 우리의 선교 또한 하나님의 영광을 드러내기보다 오히려 하나님의 영광을 가리게 될 수도 있습니다. 교회의 선교역사에는 그런 어둡고 슬픈 일들이 많았습니다. 그래서 종교개혁자들은 무엇보다 먼저 바른 선교의 목표를 제시한 겁니다.

그들이 제시한 선교의 목표는 하나님의 영광이었습니다. 즉 이방인들에게 복음을 전해 그들을 회심케 하고, 교회를 세워서 하나님의 나라가 확장되게 하고, 그것을 통해 하나님을 영화롭게 하는 것이었습니다. 이런 토대 위에 세워진 선교는 튼튼하고 무너지지 않을 겁니다. 그러므로 오늘날 우리 교회는 선교라는 이름으로 행하고 있는 많은 일들이 종교개혁자들이 제시한 선교의 삼중목적을 지향하고 있는지 늘 돌아보아야 합니다. 만일 그렇지 않다면, 선교는 하나님의 영광이 아니라 사람이나 교회의 이름을 드러내게 될 겁니다.

◈ 토론을 위한 질문 ◈

1) 여러분은 왜, 무엇을 위해 선교를 해야 한다고 생각하나요?

2) 선교의 삼중목적에 비추어 볼 때, 오늘날 교회의 선교에 반성할 점이 있다면 무엇이라고 생각하나요?

3) 선교지의 사람들은 경제적, 사회적, 문화적으로 많은 도움을 필요로 하고 있습니다. 그럼에도 우리가 우선적으로 복음을 전해야하는 이유는 무엇일까요?

Reformed

제3장

선교의 출발
: 오직 성경
Sola Scriptura

　선교는 하나님의 말씀을 전파하는 것에서 시작됩니다. 예수님께서 제자들에게 분부하신 모든 족속을 예수님의 제자로 만드는 사역도 성경을 통해서 이루어집니다. 전도, 설교, 제자훈련 등 어느 것도 하나님의 말씀에 대한 분명한 이해 없이는 이루어질 수 없습니다. 만일 한국어로 성경이 번역되지 않아 우리가 영어 성경이나 한문 성경을 읽는다면, 하나님의 말씀을 제대로 이해할 수 있을까요? 대부분의 사람은 성경을 읽는 것 자체를 포기할 겁니다. 그래서 선교를 위해서는 반드시 사람들의 '마음의 언어'이자, 한 개인의 인격과 정체성을 형성하는 데 결정적인 역할을 하는 모국어로 번역된 성경이 필요합니다. 오늘날 우리는 한글 성경을 읽으며 하나님의 말씀을 깨닫고 순종하는 은혜를 누립니다. 그런데 우리에게는 너무나 자연스럽고 당연한 이 일이 중세에서는 당연한 것이 아니었습니다. 아니 오히려 방해를 받았습니다.

중세의 로마교회는 제롬(Jerome)이 406년에 라틴어로 번역한 벌게이트(Vulgate) 성경만을 공인하고 다른 번역은 금지했습니다. 그런데 로마교회가 공인한 이 라틴어 번역 성경에는 두 가지 중대한 문제가 있었습니다. 그중 하나는 이 번역 성경이 지닌 번역상의 오류였습니다. 칼빈은 이 번역 성경에 오역이 많음을 지적하며, 신학적으로 잘못된 이런 성경을 쓰는 데서 부패하고 타락한 교회가 나온다고 말할 정도였습니다. 또 다른 하나는 라틴어가 실제 생활용어가 아니었기 때문에 일반 신자들은 성경을 읽을 수 없었다는 겁니다. 따라서 로마교회가 벌게이트 번역만 공인하고 다른 언어로 번역을 금지한 것은 사실상 일반 신자들이 성경을 읽지 못하도록 한 것이나 다름없었습니다. 이로 인해 중세 로마교회의 일반 신자들은 성경에 무지했고, 참된 복음을 몰라 온갖 종류의 미신에 빠지게 되었습니다. 그런 상황에서 신자들은 로마교회의 잘못된 가르침을 분별할 수가 없었습니다. 이처럼 성경의 번역이 사실상 금지된 상태에서는 선교 역시 제대로 이루어질 수 없었습니다.

교회역사는 초대교회 때부터 성경번역이 선교에 큰 영향을 주었음을 보여줍니다. 히브리어로 된 구약 성경은 그리스문화권의 유대인들을 위해 그리스어로 번역되어, 기독교 선교에서 널리 쓰였습니다. 신약성경은 그리스어로 기록되었지만, 이는 곧 시리아어, 콥틱어, 이디오피아어, 아르메니아어, 고트어, 라틴어 그리고 슬라브어로 번역되었습니다. 새로운 민족과 족속으로 복음을 전하러 간 선교사들 역시 무엇보다도 먼저 선교지의 언어로 성경을 번역했습니다. 만일 말은 있지만 문자가 없는 경우에는 문자를 새로 만들어 성경을 번역했고, 문자와 함께 성경을 가르쳤습니다. 그렇게 해서 생겨난 문자 가운데는 아르메니아 문자와 러시아와 불가리아 같은 슬라브 민족이 사용하는 키릴문자가 있습니다. 지금도 성경번역회 소속 선교사들은 문자가 없는 부족들을 위해 문자도 만들고, 그 문자로 성경을 번역하고 있습니다. 한 민족이나 족속의 언어로 성경을 번역하는 것만으로도 복음이 힘차게 전파될 수 있기 때문입니다.

하지만 중세의 로마교회는 성경번역을 금지함으로써 선교의 흐름을 끊어버렸습니다. 이런 상황에서 종교개혁자들은 교회가 개혁되기 위해서는 먼저 모든 사람이 성경을 읽고 하나님의 말씀을 이해할 수 있어야 한다고 생각했습니다. 그래서 많은 어려움과 박해를 이겨내면서 성경을 번역했던 겁니다. 성경이 각국어로 번역되자 사람들은 비로소 자신들의 언어로 하나님의 말씀을 직접 읽고 이해할 수 있게 되었습니다. 이런 점에서 종교개혁이 성공을 거둘 수 있었던 것도 번역된 성경이 있었기 때문이라고 말할 수 있습니다.

1) 모든 사람은 성경을 읽어야 한다

중세의 로마교회는 두 가지 이유로 성경번역을 반대했습니다. 첫째는 제롬이 라틴어로 번역한 벌게이트 성경만이 믿을 수 있는 유일한 성경이라는 이유였고, 둘째는 성경해석의 권리는 오직 신학자들에게만 있다는 이유였습니다. 그래서 로마교회는 성경이 번역되어 일반 신자들이 성경을 읽도록 하는 것은 옳지 않다고 주장했습니다. 이에 대해 종교개혁에 영향을 주었던 인문주의자 에라스무스(Erasmus)는, 만약 성경이 모든 사람의 언어로 번역되었더라면, 스코틀랜드 사람과 아일랜드 사람뿐만 아니라 터키 사람과 사라센 사람까지도 성경을 읽고 배울 수 있었을 것이라고 한탄했습니다.

중세 교회의 이러한 태도에 저항하여 종교개혁자들은 '오직 성경'(*Sola Scriptura*)을 외쳤습니다. 종교개혁자들이 외친 '오직 성경'은 성경이 신앙의 유일한 표준이라는 의미이기도 하지만, 동시에 모든 사람은 스스로 성경을 읽어야 하고, 성경해석의 권한도 성직자들에게만이 아니라 모든 성도들에게 있어야 한다는 의미이기도 합니다. 그래서 종교개혁자들은 성경을 번역하여 성경과 관련된 중세교회의 잘못된 전통을 바로잡고, 성경과 성경해석의 권리를 모든 성도들에게 돌려주었습니다.

루터도 성경을 독일어로 번역해 일반 신자들이 성경을 읽도록 했습니다. 그는 1522년에 바르트부르크 성에 숨어 지내면서 3개월 만에 독일어로 신약성경을 번역했습니다. 하지만 이에 만족하지 않고, 덴마크, 노르웨이, 스웨덴, 핀란드로 파송한 제자들에게 그 지방의 언어로 신약성경을 번역하도록 권장했습니다. 1538년에는 자신이 직접 핀란드어로 신약성경을 번역했으니, 성경번역에 대한 루터의 열정에 감탄하지 않을 수가 없습니다.

칼빈 역시 1532년에 기욤 파렐(G. Farel)의 요구를 받아들여 왈도파와 함께 프랑스어로 성경을 번역하기로 결의하고, 1535년에 출판된 프랑스어 성경 올리브땅(*Olivertanus*)

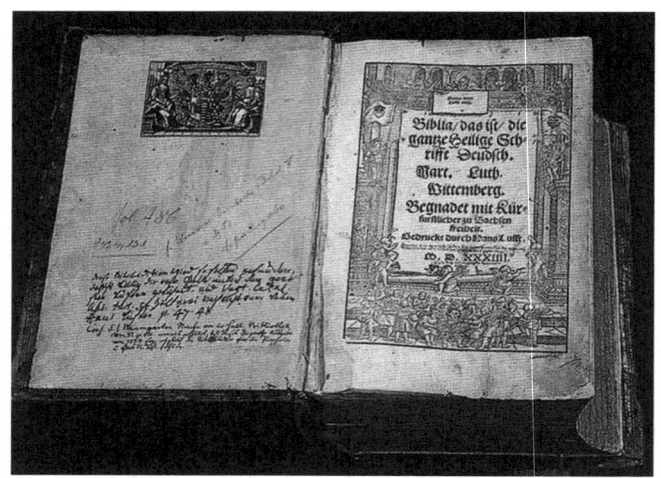

[그림 4] 루터가 번역한 독일어 성경

의 번역에 깊이 관여했습니다. 그리고 여기에 직접 서문을 남기기도 했습니다. 이 서문에서 그는 성경이 말하는 내용을 모든 믿는 자들이 직접적인 지식으로 받아들일 수 있도록 그 지방의 토착어로 성경을 번역해야 한다고 주장하면서, "하나님의 말씀이야말로 성도들에게 진정한 양식인데, 로마교회의 성직자들이 성도들에게 이러한 양식을 공급해주지 아니하고 대신 자신들의 오염된 생각을 공급하고 있다."고 비판했습니다.

성경을 번역해야 한다고 생각한 사람들은 루터와 칼빈이 종교개혁을 시작하기 이전부터 존재했습니다. 대표적인 사람이 존 위클리프(John Wycliffe)였습니다. 그는 성경을 번역했다는 이유로 출교까지 당했지만, 이에 굴하지 않고 죽을 때까지 성경을 번역했습니다. 훗날 교회역사가들은 그에게 '종교개혁의 새벽별'이라는 칭호를 부여했고, 성경번역 선교회는 그의 이름을 기념해 단체의 이름을 '위클리프 선교회'라고도 했습니다. 1378년에 위클리프는 라틴어 성경(벌게이트)을 영어로 번역했습니다. 이는 성경이 조직된 교회나 전통보다 우월하고 신앙의 유일한 권위라고 믿었기 때문입니다. 그래서 그는 성경을 번역함으로써 일반 사람이 성경을 쉽게 읽고 이해하도록 하는 것보다 중요한 일은 없다고 생각했습니다. 위클리프의 번역작업은 1382년에 끝났습니다. 번역된 영어성경은 설교자들의 설교를 바꾸었고, 사람들의 마음에 복음의 빛을 비추었습니다. 중세의 어둠을 뚫고 종교개혁의 여명을 밝히기 시작한 겁니다.

그러자 잉글랜드 국회에서는 법령을 제정해 위클리프가 번역한 성경을 보급하지 못하게 했습니다. 여기서 멈추지 않고 로마교회는 위클리프가 죽은 지 21년이 지난 1415년에 독일에서 개최된 콘스탄츠 공의회에서 라틴어 성경을 영어로 번역했다는 죄목으로 위클리프를 이단으로 판결하고, 그의 저작을 불태우고, 그의 무덤을 파헤칠 것을 결정했습니다. 결국 그의 시체는 무덤에서 파내져 그의 책들과 함께 불태워졌고, 그가 번역한 성경을 가진 사람들은 이단으로 몰려 심한 박해를 당하게 되었습니다. 그러나 그가 남긴 종교개혁의 불씨는 꺼지지 않았습니다. 이후의 종교개혁자들 가운데 위클리프의 영향을 받지 않은 사람은 아무도 없었습니다.

또한 위클리프의 성경은 약 150년 후에 윌리엄 틴데일(William Tyndale)이 영어로 성경을 번역하는 데도 기초가 되었습니다. 윌리엄 틴데일은 '오직 성경'이라는 종교개혁의 원리에 따라 살았던 개혁자였습니다. 틴데일은 모든 사람들이 성경을 읽어야 한다고 확신했습니다. 그러한 확신은 "믿음은 들음에서 나며 들음은 그리스도의 말씀으로 말미암았느니라"(로마서 10장 17절)는 성경 말씀과 자신의 경험에서 나온 것이었습니다. 틴데일은 그러한 확신을 가지고 모든 영국인들이 하나님의 말씀을 직접 읽고 진리를 깨닫고 참된 믿음에 이르도록 성경을 번역하는 일에 온전히 헌신했습니다. 그는 처음에는 잉글랜드교회의 지원으로 성경을 영어로 번역하길 원했습니다. 그러나 잉글랜드교회의 반대로 그 계획은 무산되었습니다. 대신 하나님께서는 험프리 몬머스(Humphrey Monmouth)라는 로마교회에서 개신교로 회심한 상인을 만나게 해 주셨습니다. 몬머스의 후원으로 틴데일은 독일의 함부르크로 가서 신약성경을 영어로 번역했습니다. 이 성경은 1526년에 독일 보름스에서 6,000부가 인쇄되어 잉글랜드로 반입되었습니다. 새롭게 번역된 성경을 읽은 영국인들의 호응은 뜨거웠습니다. 이 성경은 이후 10년 동안 7번이나 더 인쇄되어 영국인들이 하나님의 말씀을 깨닫고 종교개혁이 성과를 거두는 데 중요한 역할을 했습니다.

하지만 이를 불편하게 여긴 잉글랜드의 로마교회가 그를 가만히 내버려두지 않았습니다. 틴데일은 교회의 박해를 피해 1530년 벨기에의 앤트워프로 가서 숨어 지내며 구약성경을 번역했습니다. 그러나 한 배반자의 밀고로 체포되어 1536년에 순교를 당했습니다. 그는 마지막 순교의 순간에도 하나님께서 '잉글랜드 왕의 눈을 열어 주시도록' 기도했습니다. 그가 남긴 영어성경은 이후 청교도 운동의 토대가 되었습니다. 오늘날에는 이런 일로 순교하는 것은 상상조차 할 수 없는 일이지만, 성경은 이런 희생을 치른 개혁자들 덕분에 우리 손에 들려지게 된 겁니다.

루터와 칼빈 그리고 틴데일에 의해서 독일어와 프랑스어 그리고 영어로 성경이 번역되자 유럽 각국의 종교개혁자들도 그들 나라의 언어로 성경을 번역하기 시작했습니다. 그리고 번역된 성경은 구텐베르크가 발명한 인쇄술 덕분에 대량으로 인쇄되어 일반인들에게 보급되었습니다. 당시 독일에는 집집마다 루터가 번역한 성경이 있었다고 전해져오는가 하면, 1566년에 네덜란드의 한 그리스도인은 모든 가정에 술병대신 최소 한두 권의 성경이 비치되어 있었다고 증언하기도 했습니다. 뿐만 아니라 종교개혁으로 인해 순교한 신자들은 처형되기 전날 밤 방문한 아내와 자녀들에게 영원히 기억되도록 성경을 선물로 남겼다고 합니다.

이렇듯 종교개혁자들은 선교에 있어서 성경번역과 성경을 읽는 것이 얼마나 중요한 것인지를 깨닫게 해주었습니다. 이에 그들의 후예들도 선배들의 길을 따랐습니다. 예를 들어, 북미 최초의 인디언 선교사였던 엘리엇(John Eliot)은 자신이 복음을 전했던 알곤퀸(Algonquin) 인디언의 언어로 성경을 번역해 그들에게 하나님의 말씀을 가르쳤습니다. 많은 사람들이 그가 인디언들에게 영어를 가르치지 않는다고 비난했지만, 그는 누구나 자신의 언어로 하나님의 말씀을 읽어야 한다는 종교개혁자들의 가르침과 신념에 따라 그런 비난을 무릅쓰고 인디언들에게 그들의 말로 된 성경을 선물했습니다. 엘리엇이 번역한 알곤퀸어 성경은 이후 다른 인디언 부족들의 언어로 성경이 번역되는 데 귀중한 길잡이 역할을 했습니다.

개신교회가 본격적으로 선교를 시작하면서 선교와 성경번역은 서로 뗄 수 없는 사역이 되었습니다. 개신교 '선교의 아버지' 윌리엄 캐리는 인도에서 사역하는 동안, 벵갈어, 산스크리트어, 마라디어 등 여러 언어와 방언으로 성경을 번역했습니다. 1812년에 미국교회 최초의 해외 선교사로 미얀마에 파송되어 일생 동안 사역했던 아도니람 저드슨(Adoniram Judson)이 가장 심혈을 기울인 사역도 미얀마어로 성경을 번역하는 일이었습니다. 그는 오랫동안 심혈을 기울인 끝에 1840년에 미얀마어로 신구약성경을 번역했습니다. 그 외에도 선교하면 떠오르는 로버트 모리슨, 로버트 모펫, 허드슨 테일러, 헨리 마틴 등과 같은 인물들도 자신들이 사역했던 나라의 언어로 성경을 번역하는 일에 심혈을 기울였습니다. 그러한 결과 19세기 동안에만 500개의 새로운 언어로 성경이 번역되는 놀라운 일이 일어났습니다. 세계선교의 '위대한 세기'를 연 것은 "성경은 그 지방의 토착어로 번역되어야 한다."라는 종교개혁자들의 가르침에 따라 성경을 번역한 결과였습니다.

한국어 성경을 처음 번역한 것도 선교사였습니다. 최초의 한국어 성경은 만주에서 사역하던 스코틀랜드인 선교사 존 로스(John Ross)가 이응찬, 서상륜의 도움을 받아 1882

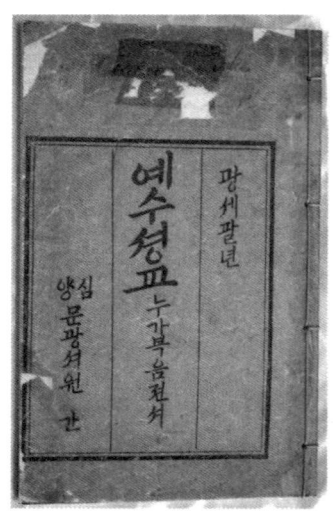

[그림 5] 존 로스 선교사가 번역한 최초의 한국어 성경

년에 번역하여 출판한 누가복음입니다. 이 한국어 누가복음은 3,000부가 인쇄되어 보급되었습니다. 그런데 존 로스는 한국을 위해 파송된 선교사는 아니었습니다. 한국을 위해 파송된 최초의 선교사는 1885년에 한국에 온 언더우드(Underwood)와 아펜젤러(Appenzeller)였습니다. 놀라운 사실은 언더우드와 아펜젤러 선교사가 한국에 입국할 때, 그들의 손에는 이미 일본에 유학 중이던 한국인 이수정이 번역한 한국어 마가복음이 있었다는 겁니다. 선교사가 선교지의 언어로 번역된 성경을 가지고 들어간 것은 세계선교에서 유래를 찾아볼 수 없는 일이라고 합니다. 이는 '한국의

마게도니아인'이라고 불릴 만큼 서구교회를 향해 한국에 복음을 전해달라고 호소했던 이수정이 그러한 열망을 가지고 성경을 번역해 두었기 때문에 가능한 일이었습니다.

모든 사람은 자신의 언어로 성경을 읽어야 한다는 종교개혁자들의 가르침을 따라 1934년에 캐머론 타운센드(Cameron Townsend)는 '종교개혁의 새벽별'인 위클리프의 이름을 기념하여 위클리프 번역 선교회(Wycliffe Bible Translators: WBT)를 조직했습니다. 이후 위클리프 번역 선교회는 지금까지 1,500개 이상의 언어로 성경을 번역하였고, 지금도 자신의 언어로 번역된 성경을 가지지 못한 사람들을 위해 성경번역을 계속하고 있습니다.

2) 성경에서 드러나는 명령

종교개혁자들은 성경의 사람들이었습니다. 그들은 성경을 설교하고 가르치고 성경의 말씀에 순종했습니다. 성경의 사람은 선교의 사람이 되지 않을 수 없습니다. 왜냐하면 성경이 선교를 명령하고 선교로 말미암아 하나님의 영광이 온 세상에 충만하게 될 것을 말씀하고 있기 때문입니다. 그래서 종교개혁자들은 하나님의 말씀에 따라 온 세상을 복음으로 충만하게 해야 한다고 가르쳤습니다. 루터는 시편 117편을 주석하면서 복음이 전 세계를 관통해야 한다고 말했습니다. 학개서 2장의 주석에서는 복음은 모든 민족을 위한 값진 보화이며, 하나님께서는 한두 민족이 아니라 전 세계에 복을 내리시기 원하신다는 놀라운 말도 했습니다. 예수님의 승천일마다 행한 루터의 설교 역시 항상 '모든 민족에게 나아가 복음을 전하라'는 것이었습니다.

칼빈 또한 로마서 10장 14절을 주석하면서 하나님께서는 이방인들이 구원에 참여함을 허락하셨으며, 복음이 선포되는 곳에 하나님의 부르심이 있다고 말했습니다. 하나님의 구원계획이 선교를 해야 하는 이유라고 본 겁니다. 종교개혁자들이 종교개혁이라는 우선적이고 중차대한 사명을 짊어지고 있었음에도 불구하고, 이처럼 선교를 강조한 것은 그만큼 성경이 선교를 명령하고 있기 때문입니다.

성경이 번역되고 평범한 그리스도인들이 성경을 읽을 수 있게 되자, 그들은 하나님께서 성직자들이나 교회의 지도자들에게만 아니라 자신들에게도 선교의 사명을 주셨다는 것을 깨닫게 되었습니다. 특히 여기에는 그리스도인이라면 누구의 중재 없이 직접 하나님께 나아갈 수 있다는 '만인 제사장직'을 재발견하게 된 것이 큰 역할을 했습니다. 그래서 종교개혁 이후 가장 먼저 선교지로 달려간 사람들 중에는 목사가 아니라 평범한 그리스도인들이 많았습니다. 우리가 잘 알고 있는 중국내지선교회를 세운 허드슨 테일러(Hudson Taylor)도 목사가 아니라 의학을 공부한 의사였습니다.

특히 선교에 헌신한 대표적인 사람들로는 '모라비안' (Moravian)이 있었습니다. 이들은 오늘날 체코에 있는 보헤미아 지역에서 종교개혁의 영향으로 개신교로 회심한 사람들이었는데, 1725년에 로마교회의 박해를 피해 독일의 개신교 백작 진젠도르프(Zinzendorf)의 영지로 이주한 후 선교에 헌신했습니다. 이들은 성경의 명령을 따라 땅 끝까지 복음을 전하는 것을 그들의 사명으로 삼았습니다. 그래서 60명당 한 사람의 비율로 선교사를 파송했습니다. 이들이 18세기 선교의 주역이 되었는데, 대부분이 '평신도'들이었습니다. 이들은 시베리아의 에스키모들로부터 남아메리카의 아마존 지역에 위치해 있는 수리남에 이르기까지 복음이 필요한 곳이면 어디든지 달려갔습니다. 그런데 이것이 가능했던 것은 그들이 자신의 직업을 가지고 선교에 필요한 비용을 스스로 조달하던 자비량 선교사들이었기 때문입니다. 그들은 시계수리공, 양복제조사, 목공, 농부, 심지어 묘지를 파는 일을 하면서 복음을 전했습니다.

오늘날에도 목사들만이 아니라 더 많은 평신도들이 다양

한 방법으로 선교의 부르심에 순종하고 있습니다. 어떤 이들은 교사로, 어떤 이들은 의사로, 또 간호사로, 농부로, 사업가로, 학생으로, 교수로, 예술이나 스포츠 전문가 등으로 활동하며 복음을 전하고 있습니다. 이처럼 모든 그리스도인들이 선교에 관심을 가지고 선교를 하나님께서 자신에게 주신 사명으로 받아들이게 된 것은, 종교개혁자들이 성경번역과 성경의 가르침을 통해 우리에게 남겨준 소중한 유산입니다.

3) 성경의 가르침대로

성경은 선교를 명령할 뿐만 아니라 선교의 방법에 대해서도 가르쳐줍니다. 만일 성경의 가르침에서 벗어난 선교를 하게 되면, 오히려 십자가와 복음에 대한 오해를 불러일으키고, 하나님의 영광도 가리게 될 수 있습니다. 그래서 종교개혁자들은 교회가 하는 선교는 끊임없이 성경을 통해 점검받아야 하고 성경을 통해 평가받아야 한다고 가르쳤습니다. 따라서 선교에 열정적인 오늘날 한국교회와 성도들은 이런 가르침에 주의를 기울일 필요가 있습니다.

성경에 무지한 사람들은 성경에 순종할 수 없습니다. 그러면 감정을 자극하는 사람들의 말에 쉽게 선동되거나, 종교적인 열정으로 하는 일이니까 무조건 하나님께서 인정해

주실 것이라 생각하게 됩니다. 그렇게 해서 생겨난 역사의 비극 가운데 하나가 십자군 전쟁입니다. 중세 로마교회의 성직자들과 신도들은 무슬림들이 점령한 성지를 되찾기 위해 십자군을 일으켜야 한다는 교황의 선동에 쉽게 동조했습니다. 십자군 전쟁에 동참하라는 호소에 절대 다수의 신자들은 그것이 성경이 인정하는 방법인지 아닌지 질문하지 않았습니다. 성경은 예수님께서 가신 길, 예수님께서 하나님의 나라를 확장하신 방법이 십자군의 길이 아니라 십자가의 길임을 너무나 분명하게 보여줍니다. 성경은 증오가 아니라 사랑으로, 칼이 아니라 하나님의 말씀으로 복음을 전하라고 명령합니다. 성경이 이처럼 분명하게 말하는데도 사람들이 십자군에 동조한 것은, 일반 신자들은 말할 것도 없고 성직자들조차 성경을 제대로 몰랐기 때문입니다. 이처럼 성경에 무지하게 되면 하나님의 말씀보다 인간의 선동이나 말을 진리처럼 여기고 그것을 따르게 됩니다.

하지만 루터는 이런 로마교회의 잘못에 하나님의 말씀으로 도전했습니다. 그는 무슬림들에게 십자군으로 대응하는 것은 성경이 인정하지 않는 것이라고 말했습니다. 또한 황제의 칼은 신앙과 전혀 관계없고, 어떤 군대도 그리스도의 깃발 아래서 다른 사람을 공격할 수 없다고 주장하면서, 교황이 그리스도의 지상 대리자였다면 세속 통치자들에게 투르크족(무슬림)들을 공격하라고 선동하는 대신 그들에게 복음을 설교했을 것이라고 비판했습니다. 종교개혁자들은 복음을 전하는 교회는 결코 강요를 사용해서는 안 된다고 가르쳤습니다. 선교는 하나님께서 택하신 백성을 부르는 일이기 때문에 불신자들을 하나님께로 인도하는 데 어떤 방식의 강요도 있어서는 안 된다는 것이었습니다.

한편 로마교회는 선교를 하면서 복음을 이방 종교와 혼합시켰습니다. 그렇게 해야 사람들이 기독교를 반대하지 않고 쉽게 믿을 수 있다고 생각했습니다. 우리나라의 경우 로마교회가 조상 제사를 수용하고, 일제 강점기에 신사참배를 수용한 것도 그러한 이유 때문이었습니다. 그러면서 동시에 인간의 종교적 열심을 강조했습니다. 하지만 종교개혁자들은 참된 복음을 흐리게 하고 하나님이 아니라 인간을 기쁘게 하는 방법은 인정하지 않았습니다. 오히려 그들은 성경의 가르침에 따라 선교의 출발점은, 사람들이 자신의 구원을 위해 해야 할 것이 아니라 하나님께서 예수님 안에서 하신 것이어야 한다고 강조했습니다. 때문에 하나님의 말씀을 전하지 않고 복음에 이방 종교의 가르침을 혼합시키면서까지 인간적인 노력과 방법을 사용하려는 것을 용납하지 않았습니다.

종교개혁자들의 뒤를 이은 후예들 역시 성경의 가르침에 따라 개혁주의 선교신학의 기초를 놓고 그 위에서 풍성한 선교신학을 발전시켰습니다. 대표적인 인물이 최초의 개혁주의 선교 신학자 보에티우스를 비롯해 요한 바빙크(J. H. Bavinck), 헨드릭 크램머(Hendric Kraemer) 등이었습니다. 이들은 성경이 말하는 선교에 대해서 우리에게 좋은 지침을 제공해 주었습니다. 그러므로 우리는 최선을 다해 복음을 전하라는 하나님의 말씀에 순종하는 동시에, 성경이 말하는 방법으로 선교하도록 힘써야 합니다. 만일 그렇지 않으면 선교는 인간의 종교적인 활동으로 변모할 수 있습니다.

■ 정리

종교개혁자들이 우리에게 전해준 가장 소중한 유산은 성경입니다. 그들은 우리에게 성경을 읽고, 깨닫고, 순종할 것을 가르쳤습니다. 이것은 선교에서도 동일하게 적용되어야 합니다. 사실 오늘날에는 그 어느 때보다 선교라는 이름으로 많은 일들이 행해지고 있습니다. 많은 선교단체들이 세워졌고, 그들을 통해 더 많은 사람들을 선교에 참여시키기 위한 동원사역과 선교대회가 해마다 열리고 있습니다. 선교학자들은 다양한 선교이론을 제시하는가 하면, 선교단체와 교회들은 다양한 운동(movement)을 일으킵니다. 하지만 이 모든 전략들과 운동들은 끊임없이 성경의 평가를 받아야 합니다. 어쩌면 우리의 이런 선교활동 가운데는 과거 십자군 전쟁과 같은 방식이나 원리 아래 진행되고 있는 것들이 있을 수도 있습니다. 또는 중세의 로마교회가 저질렀던 복음의 혼합화가 있을 수도 있습니다.

100년 전 서구교회의 선교가 절정에 이르렀을 때, 롤런드 알란(Roland Allen)이라는 영국 선교사는 서구교회의 선교가 성경의 방법과 일치하지 않는다면서 다음과 같이 말했습니다. "교회의 임무는, 세상으로부터 하나님의 선민을 불러 모아 그분의 아들과의 교제로 이끄는 것이라기보다, 세상을 기독교화 하는 것이라고 생각하는 경향이 있다." 이는 당시 성령을 의지하지 않고 자신들의 세속적 힘을 의지하면서 복음이 아니라 서구의 기독교 문명을 세계로 확산하려는 것을 선교로 잘못 오해하고 있던 교회와 사람들에게 울린 경종이었습니다. 하지만 그의 호소에 귀를 기울인 사람은 많지 않았습니다. 그 결과 많은 나라의 사람들이 그리스도인이 되는 것을, 복음을 받아들이고 하나님의 자녀가 되는 것이 아니라 서구인처럼 되는 것이라고 오해하거나, 자신의 문화나 정체성을 파괴하려는 서구의 활동으로 오해하게 되는 안타까운 일이 생겨나게 되었습니다. 따라서 우리는 이러한 잘못을 반복하지 않도록 우리의 선교가 성경의 가르침과 일치하는지 끊임없이 돌아보아야 합니다.

◈ 토론을 위한 질문 ◈

1) 종교개혁자들이 생명의 위협을 무릅쓰고 그들의 언어로 성경을 번역한 이유는 무엇인가요?

2) 성경의 가르침에 따르지 않고 선교할 때 어떤 문제들이 일어날까요? 또한 그런 문제들을 바로잡기 위해서는 어떻게 해야 할까요?

3) 자신에게 주어진 선교의 사명은 무엇이라고 생각하나요?

제4장
선교의 수행기관
: 교회

    종교개혁자들이 선교에 관심이 없었다고 주장하는 사람들은 그 근거로 종교개혁자들이 로마교회의 수도회를 인정하지 않고 폐지시킨 점을 제시합니다. 종교개혁자들은 수도회의 역할과 활동을 잘 알고 있었습니다. 이미 언급하였듯이, 루터는 아우구스티누스 수도회의 수도사 출신이었습니다. 그런데 종교개혁자들이 수도회를 거부하고 폐지한 것은 두 가지 이유 때문이었습니다. 첫째는 수도원의 타락이었습니다. 칼빈이 마태복음 23장 15절의 주석에서 로마교회의 수도회가 하는 선교활동을 '배나 더 지옥 자식이 되게 만드는 것'이라고 말할 정도로 당시 수도원의 타락상은 심각했습니다. 그리고 그렇게 부패한 수도원의 선교활동을 통해 부패한 성도와 교회들이 생산되었습니다.

둘째는 하나님께서 선교의 유일한 기관으로 교회를 세우셨기 때문입니다. 칼빈은 하나님께서는 복음의 보화를 교회에 맡기셨다고 말했습니다. 루터도 교회는 하나님의 말씀에 의해 창조되었고, 이 말씀이 교회에 위임되었다고 가르쳤습니다. 따라서 땅 끝까지 복음을 전파하는 일은 교회를 통해 행해지는 겁니다. 개혁주의의 후예인 보에티우스 역시 교회가 삼위 하나님의 선교의 도구라고 확신했습니다. 그는 아르미니우스의 신학에 대응하기 위해 모였던 돌트회의(1618~1619년)에서 윌리엄 에임스(William Ames)와 함께 교회의 본질로서 선교의 사명을 확정하는 데 중요한 역할을 했습니다. 이처럼 종교개혁자들과 개혁교회는 성경의 가르침에 따라 선교의 수행기관은 교회라고 주장했습니다.

예수님께서는 '주는 그리스도시고 살아계신 하나님의 아들'이시라는 사도들의 신앙고백 위에 교회를 세우시고 그 교회에게 '천국의 열쇠'를 주시겠다고 약속하셨습니다(마태복음 16장 19절). 사람들을 구원할 복음을 교회에 맡기시겠다는 의미입니다. 그리고 부활하신 예수님께서는 그 약속에 따라 제자들(교회)에게 온 세상으로 나아가 모든 민족을 제자로 삼으라고 명령하셨습니다(마태복음 28장 19절, 사도행전 1장 8절). 그러므로 '주는 그리스도시오 살아계신 하나님의 아들'이시라는 고백 위에 세워진 교회는 "땅 끝까지 이르러 내 증인이 되리라" 하시는 예수님의 뜻과 명령에 순종함으로써, 만물을 온전히 충만케 하시는 예수님의 선교의 도구이자 구원의 도구로서 사명과 역할을 다해야 합니다(에베소서 1장 23절). 선교의 사명이 교회에 주어졌다는 것은 교회가 자신에게 속한 성도들을 말씀과 기도로 무장시켜 이웃에게 복음을 전하게 하고, 선교사들을 파송하여 땅 끝까지 예수님의 복음을 증언해야 한다는 것을 의미합니다.

1) 선교와 교회

중세의 로마교회는 세속화된 교회였습니다. 세상이 교회에 들어옴으로써 교회는 변질되었고, 참된 복음과 참 예배는 사라졌습니다. 이런 상태에 있는 교회가 하는 선교는 인간의 탐욕과 교세 확장을 정당화하는 도구로 사용될 수밖에 없었습니다. 그러므로 하나님께서 원하시는 선교가 이루어지기 위해서는 먼저 교회가 참된 복음과 거룩함을 지닌 예수님의 신부요 거룩하신 성령님의 전으로 변화되어야 했습니다. 종교개혁자들이 참된 복음과 참된 교회를 회복하는 것을 하나님께서 자신에게 맡기신 선교의 사명으로 확신하고, 먼저 교회개혁에 헌신한 것도 이 때문이었습니다. 그리고 종교개혁에 의해 다시 교회가 교회다워지자, 하나님께서는 '위대한 선교의 시대'를 열어주신 겁니다.

이런 점에서 종교개혁은 우리에게 참된 교회 없이는 참된 선교도 없다는 것을 가르쳐줍니다. 선교의 사명을 받은 교회가 이를 책임 있게 감당하기 위해서는 먼저 자신이 참된 교회가 되어야 합니다. 참된 교회가 아니면 참된 복음으로 교회를 세우고 하나님의 나라를 확장함으로써 하나님을 영화롭게 할 수 없습니다. 참된 교회에 속하여 성령님의 중생케 하시는 능력을 체험하고, 바른 신앙고백을 배우고, 영적인 예배와 풍성한 교제, 기도의 희열, 경건한 삶이 만들어내는 증거의 능력을 경험한 그리스도인들만이 이러한 것들을 재생산하고 하나님을 영화롭게 할 수 있습니다. 그래서 보에티우스는 세속화하고 타락한 교회를 갱신하는 것을 선교에 포함시켰던 겁니다.

성경은 교회가 살아있는 영적인 교제이며 하나의 유기적인 공동체라고 말합니다. 이것이 교회가 생명체처럼 성장하고 다른 교회를 세울 수 있는 이유입니다(에베소서 4장 15~16절). 이런 교회는 자기와 같은 교회를 재생산합니다(데살로니가전서 1장 8절). 한편 교회는 예수님께 세상으로 파송받은 존재이기도 합니다(요한복음 20장 21절). 이는 교회는 세상이 될 수 없는 공동체가 되어야 하며, 세상이 알 수 없는 실재를 믿고 알아야 하며, 그것을 세상 가운데서 증언해야 한다는 것을 의미합니다. 교회는 세상에 있으나 세상에 속하지 않은, 세상과 구별되는 존재여야 합니다. 그렇게 됨으로써만 교회는 세상을 향해 하나님의 현존과 통치를 보여줄 수 있으며, 예수님의 구속과 주되심을 증언하는 성령님의 사역에 동참할 수 있습니다. 그러므로 선교에서 중요한 것은 교회에 있는 재정적, 인적 자원이 아니라 성령님의 능력에 얼마나 의지하느냐 하는 겁니다. 선교는 교회의 힘이 얼마나 큰지를 보여주는 것이 아니라, 교회와 함께 하시는 성령님께서 얼마나 능력 있게 역사하시는지를 드러내는 겁니다.

오늘날 선교 현장에서는 많은 문제들이 일어납니다. 그런데 그것의 일차적인 원인은 대체로 선교사들에게 있는 것이 아니라 그들을 파송한 교회에 있습니다. 왜냐하면 참 말씀을 선포하고, 바른 성례를 실행하며, 치리를 통해 교회의 거룩함을 지켜가는 것이 아니라, 외형적인 성장이 교회의 본질이고 건강함의 표지라고 생각하는 교회에서 보고 배우고 파송받은 선교사들이 참된 교회를 세울 수는 없기 때문입니다. 그러므로 예수님께서 교회에게 기대하고 맡기신 선교의 사명을 시작하는 첫 걸음은 무엇보다 교회가 참된 교회가 되는 겁니다. 이것이 종교개혁이 우리에게 전하는 메시지입니다.

2) 교회를 통한 선교

중세의 로마교회는 교세를 확장하기 위해 두 기관을 동원했습니다. 하나는 수도회였고, 다른 하나는 교황의 영향력 아래 있던 세속 정부였습니다. 그리고 그들의 활동으로 세워진 교회는 교황청에 예속되었습니다. 종교개혁자들은 이 같은 로마교회의 선교를 거부했습니다. 그들은 수도회나 세속 정부가 아니라 교회가 본연의 사명으로서 선교를 수행해야 한다고 목소리를 높였습니다.

종교개혁의 다음 세대는 이들의 가르침을 간단히 '교회가 교회를 개척한다'는 명제로 정리했습니다. 이는 정부나

[그림 6] 교회개척 포스트

교황, 주교, 선교단체가 선교의 주체가 될 수 없다는 뜻이요, 교회만이 교회를 세울 수 있기 때문에 선교의 합법적인 수행자는 교회가 되어야 한다는 뜻입니다. 또한 교회를 통해 설립된 교회들은 어떤 형태로든 다른 교회에 예속되지 않는다는 뜻이기도 합니다. 그래서 개혁주의 선교학자인 요한 바빙크는 선교를 '교회의 사명', '교회의 사역'이라고 말했습니다. 선교가 교회를 통해서 수행된다는 것은 선교사역의 목표가 교회를 설립하는 것이어야 한다는 것과 그 일이 교회를 중심으로 이루어져야 한다는 것을 의미합니다. 앞에서 밝힌 것처럼, 교회가 교회를 전하고 세우는 겁니다.

그런데 오늘날에는 많은 선교단체들이 조직되어 선교를 주도하면서 교회는 그 일을 위한 인적·물적 자원을 조달하는 조력자의 자리로 내려앉은 형국이 되었습니다. 교회의 파송을 받지 않고 개인적으로 선교단체에 가입하는 사람들도 있습니다. 이러한 현상은 결코 바람직한 것이 아닙니다. 동일한 신앙고백에 기초하지 않은 사람들이 모여 형성된 선교단체가 교회를 개척하면 많은 문제가 발생합니다. 감리교회, 침례교회, 오순절교회, 장로교회 출신의 선교사들이 함께 교회를 세우면, 어떤 교회를 세울 수 있을까요? 어떤 신앙고백을 따르고, 어떤 교회정치형태를 따라야 할까요? 그

[그림 7] 수리아 안디옥교회 유적
이방인으로 구성된 안디옥교회는 성령의 명령에 따라 바나바와 바울을 선교사로 파송하여 다른 지역에 이방인 교회를 세워나갔다.

냥 복음을 전하고 복음을 받은 사람들이 모여 예배를 드린다고 교회가 되는 것은 아닙니다. 분명한 신앙고백과 교회 정치형태를 가지지 않은 교회는 또 다른 교회를 세울 수 없습니다.

그렇다고 선교단체가 필요없다거나 성경이 인정하지 않는다고 말하는 것은 아닙니다. 안디옥교회의 파송을 받은 사도 바울도 자신의 동역자들과 선교팀을 구성하여 사역했습니다. 바울이 선교팀을 만든 것은 교회가 맡긴 선교를 효과적으로 수행하기 위한 것이었습니다. 선교팀을 확장해 교회를 대신하고 교회를 선교동원의 장으로 삼으려고 한 것이 아니었습니다. 그래서 바울은 선교지에서는 교회를 세웠지, 선교단체를 세우지 않았습니다. 이런 점에서도 선교단체는 교회의 선교를 돕기 위해 존재해야지, 교회를 대체하려 해서는 안 됩니다.

한편 현대에 들어와서 선교에 나타난 또 다른 우려스러운 현상은 선교의 탈교회화입니다. 이것의 진원지는 자유주의 선교학자들과 그들이 만든 선교이론들입니다. 자유주의 선교학자들은 하나님께서는 교회를 통해서만이 아니라 교회 밖에서도 그분의 선교적 목적을 이루어 가신다고 주장합니다. 그리고 그 선교적 목적이란 사회정의와 평등, 평화라고 말합니다. 설령 이들의 신학에 동조하지는 않는다 하더라도, 많은 그리스도인들이 이들의 영향으로 선교의 탈교회화에 동조하고 있는 것은 안타까운 일이 아닐 수 없습니다.

성경은 교회가 선교의 중심에 있어야 한다고 분명하게 말합니다. 예루살렘교회는 바나바를 안디옥교회에 파송했으며(사도행전 11장 22절), 안디옥교회는 성령의 인도하심을 따라 바나바와 바울을 선교사로 안수하고 파송했습니다(사도행전 13장 3절). 바나바와 바울은 1차 선교사역 이후 자신들을 파송한 안디옥교회에 돌아와서 선교보고를 했고(사도행전 14장 27절), 계속하여 이방인 신자들의 할례 문제를 해결하기 위해 안디옥교회의 파송을 받고 예루살렘으로 갔습니다(사도행전 15장 3절). 그러므로 개혁주의 교회는 성경이 보여주는 원리에 따라 선교가 교회를 벗어나는 것을 막고, 선교사를 선발하며 파송하고 돌보는 선교의 책무에 최선을 다해야 합니다.

3) 교회를 세우는 선교

종교개혁자들은 교회개혁이 단순히 자신들이 사역하는 지역의 타락한 교회를 갱신하는 것이라고만 생각하지 않았습니다. 그들은 세계 모든 곳에 참된 교회를 세우기 위해 심혈을 기울였습니다. 앞에서 언급한 것처럼, 루터와 칼빈은 교회를 개혁하고 개척하도록 자신의 제자들을 다른 나라로 파송했습니다. 루터에게 파송된 제자들은 북유럽의 여러 나라들에 개신교회를 세웠고, 그 나라들을 개신교 국가가 되게 했습니다. 칼빈은 제네바로 망명해온 프랑스 사람들을 가르쳤고, 그들을 목회자로 세워 다시 프랑스로 파송했습니다. 제네바교회로부터 파송받은 프랑스인 목사들은 자신들을 기다리는 박해에도 불구하고 고국으로 돌아가 교회를 세웠습니다. 그 결과 1559년 프랑스 전역에 5개밖에 없었던 개혁교회가 불과 3년 뒤인 1562년에는 2,150개로 급속하게 성장했습니다. 하지만 칼빈은 프랑스에 목회자를 파송하는 일에 만족하지 않았습니다. 칼빈과 제네바교회는 독일, 스코틀랜드, 잉글랜드, 네덜란드, 동유럽의 여러 나라들에 목사를 파송하여 그 지역에 개혁교회들이 세워지도록 지원했습니다. 뿐만 아니라 그와 같은 칼빈의 열정은 브라질에까지 선교사를 파송하게 했습니다.

종교개혁자들이 선교사들을 파송하여 교회를 세우게 한 것은 선교의 목적이 교회 없이 성취되지 않는다는 것을 알았기 때문입니다. 어떤 곳에 교회가 없다면, 복음이 선포될 수도 없습니다. 교회가 없다면, 하나님을 영화롭게 하는 예배도 없고, 하나님의 나라의 확장도 일어날 수 없습니다. 그래서 선교는 교회가 교회를 세우는 일이라고 말해도 과한 것이 아닙니다.

그런데 최근에 와서 선교를 교육의 기회제공, 경제적 의료적 상황의 개선과 같은 사회사업으로 생각하는 사람들이 늘어가고 있습니다. 물론 복음을 전하는 일에서 이런 문제들은 해결해야만 하는 현실적인 문제들입니다. 선교지의 사람들을 사랑하는 선교사들이라면, 당연히 이런 문제들에 관심을 갖지 않을 수 없습니다. 하지만 선교사나 그들을 파송한 교회가 선교지 사람들이 지닌 모든 문제들을 해결할 수는 없는 일입니다. 또한 선교의 목표가 사회적 필요를 해결하는 것이 될 수도 없습니다. 사실 사회사업을 중심으로 선교를 했던 많은 단체들과 선교사들은 그러한 사역이 지속가능하지도 않고 재생산도 가능하지 않다는 것을 보여주고 있습니다.

사도 바울은 선교사로서 자신의 임무가 예수님의 명령을 받아 여러 이방 사람들에게 복음을 전파하고 교회를 세우는 것임을 잘 알았습니다. 그는 이방인을 위한 선교사로서 가는 곳마다 복음을 전하고 교회를 세웠습니다. 그는 3차 전도 여행의 끝머리에 로마에 있는 교회에 편지를 보내면서 자신이 예루살렘에서 일루리곤(오늘날 크로아티아 지방)에 이르는 광대한 지역에서 복음을 충만하게 전했기 때문에, 이제는 그 지역에서 일할 곳이 더 이상 없다고 말하기까지 합니다(로마서 15장 19~23절). 그렇다고 바울이 그 지역의 모든 사람이 예수님을 믿고 하나님의 백성이 되었다고 말하는 것은 아닙니다. 다만 예수님의 몸인 교회가 세워졌으니 선교사로서의 자신의 목표를 이루었다고 말하는 겁니다. 바울이 이렇게 말할 수 있었던 것은 그런 교회들이 선교의 깃발을 이어받아 복음을 전파하고 교회를 세워 나갈 것을 확신했기 때문입니다. 이 같은 바울의 확신은 옳았습니다. 바울에 의해 세워진 교회는 또 다른 교회들을 세워 나갔습니다(데살로니가전서 1장 8절).

선교의 역사는 복음을 받은 교회가 복음을 전하는 교회가 되는 연속작용을 보여줍니다. 한국교회 역시 그 증거입니다. 한국교회는 선교사들로부터 복음을 받고 교회로 조직되자 (아직은 연약한 상황이었는데도) 곧장 선교사를 파송했습니다. 1912년 나라를 잃은 어려운 상황이었는 데도 한국교회는 해외로 선교사를 파송하기로 결정하고, 이듬해인 1913년 박태로 목사를 중국 산동성으로 파송했습니다. 그리고 그로부터 100년이 지난 지금에는 전 세계에 선교사를 파송하며 교회를 세우고 있습니다. 이렇듯 개혁주의 교회는 성경과 종교개혁자들의 가르침을 따라 교회가 없는 곳이면 어디든지 교회를 세우는 것을 선교의 목적으로 삼고 있습니다.

■ 정리

선교는 교회를 통해, 교회가 교회를 세움으로 이루어집니다. 예수님께서는 피로 값 주고 사신 자신의 교회에게 온 세상으로 나가 모든 민족을 제자로 삼으라고 말씀하시며 자신의 권위를 위탁하셨습니다. 따라서 우리가 선교에 열심을 내는 것은 중요합니다. 하지만 그 열심이 하나님을 영화롭게 하는 것을 보장해주지는 않습니다. 우리의 열심이 풍성하고 바른 선교의 열매를 맺고 하나님을 영화롭게 하려면 세 가지를 기억해야만 합니다. 첫째는 우리가 속해 있는 교회가 바른 교회가 되어야 합니다. 바른 교회만이 바른 선교를 할 수 있기 때문입니다. 문제가 있는 교회는 문제가 있는 선교를 할 수밖에 없습니다. 종교개혁자들이 그들의 선교를 교회개혁으로 삼았던 것도 이 때문이었습니다. 둘째는 선교는 참된 교회를 세우는 것이어야 합니다. 우리가 선교의 이름으로 많은 일을 한다고 해도 교회가 세워지지 않으면 선교라고 할 수 없습니다. 즉 어려운 사람들을 위해 학교와 병원을 세우고, 우물을 파고, 사회시설을 세운다 해도 교회가 세워지지 않으면 성경이 말하는 선교라고 할 수 없다는 겁니다. 마지막으로 선교는 교회를 통해서 해야 합니다. 오늘날에는 많은 선교단체들이 있습니다. 그들은 교회의 선교를 돕고 선교에 무관심했던 사람들을 일깨워 선교에 동원하는 등 많은 긍정적인 일들을 했으며, 또한 하고 있습니다. 그러나 그렇다고 해서 선교단체가 교회를 대신해서는 안 됩니다. 선교단체가 선교를 주도하면, 선교사 선발에서 바른 신앙의 고백에 기초한 교회를 세우는 데까지 여러 가지 문제들이 생겨나게 됩니다. 그러므로 우리는 먼저 우리가 바른 교회인지를 돌아보고, 우리의 선교가 교회의 설립이라는 목적을 지향하고 있는지 살펴보며, 우리의 선교가 교회를 벗어나지 않도록 최선을 다해야 합니다.

◈ 토론을 위한 질문 ◈

1) "참된 교회 없이는 선교도 없다."라는 주장에 대해 어떻게 생각하나요?

2) 우리나라에 많은 선교단체가 활동하고 있는데, 선교에 있어서 선교단체의 역할은 무엇이라고 생각하나요?

3) 선교의 목표가 왜 꼭 교회를 세우는 것이어야 할까요?

제5장

선교의 나침판
: 선교의 원리

  신앙에서 교리는 매우 중요합니다. 여행에 비유하자면, 길을 안내하는 나침판과 같다고 할 수 있습니다. 잘못된 교리는 진리가 아니라 전혀 다른 곳으로 인도합니다. 그런데 이런 교리의 중요성은 선교에 있어서도 동일합니다. 즉 잘못된 교리는 하나님을 영화롭게 하는 것이 아니라 사람을 드러내고, 하나님의 은혜가 아니라 인간의 의를 드러내게 합니다. 만일 교리가 일관성이 없고 혼란스럽다면, 선교도 엉망이 되어버릴 겁니다.

  종교개혁자들은 부패한 중세의 로마교회에 맞서 오직 성경(*Sola Scriptura*), 오직 믿음(*Sola Fide*), 오직 은혜(*Sola Gratia*), 오직 그리스도(*Solus Christus*), 오직 하나님의 영광(*Soli Deo Gloria*)을 외쳤습니다. 그리고 이 다섯 가지 원리에 따라 개혁주의 선교가 나아가야 할 방향을 제시했습니다. 우리의 선교가 방향을 잃지 않고 '하나님의 영광'이라는 목표로 나아가기 위해서는 종교개혁자들이 유산으로 물려준 개혁주의 선교의 원리들을 굳게 붙잡아야 합니다.

그런데 오늘날에는 이런 개혁주의 선교가 도전을 받고 있습니다. 첫 번째 도전은 성경을 하나님의 말씀으로 받아들이기를 거부하는 자유주의자들에게서 나왔습니다. 세계교회협의회(WCC)를 중심으로 하는 현대 자유주의 선교학자들은 '복음과 구원은 우주적인 보편성을 가지며 타종교를 믿는 사람들도 구원을 얻는다'는 만인구원설과 종교다원론을 주장합니다. 이들의 주장은 "하나님께서 예수 그리스도 안에서 모든 사람들을 구원하셨으며, 심지어 다른 종교를 믿는 사람들도 자신이 믿는 종교를 통해서 구원을 얻을 수 있게 하셨다."라는 말로 요약할 수 있습니다. 예수님의 유일성을 거부하는 이런 주장을 하는 신학자들이 우리나라에도 있습니다. 하지만 이런 자유주의 신학에 의하면, 선교는 복음을 선포하여 예수님을 믿게 하는 것이 아니라, 타종교와의 대화를 통해 인간 공동체 내에서 발생하는 사회적인 악들을 제거하고 평화를 실현하는 것이 됩니다. 그리고 이런 선교이론을 수용하는 사람들은 다른 종교를 믿는 사람들을 예수님께로 인도하는 것을 선교에 있어서 근본적인 것이라고 말하지 않습니다. 물론 선교사도 파송하지 않으며 교회를 개척하지도 않습니다. 오히려 복음을 전하는 것을 터부시하고 다른 종교인들과 연합하여 사회문제를 해결하는 정치활동에 심혈을 기울입니다.

두 번째 도전은 인간의 원죄를 부정하고 인간의 자유의지를 극대화시켜 구원에 있어서 인간의 활동과 결심을 내세우는 (세미)펠라기우스적이고 아르미니우스적인 현대의 복음주의자들로부터 나옵니다. 이들은 인간에게는 자신의 결심과 노력으로 하나님께 나아가 구원을 얻을 수 있는 충분한 능력이 있다고 주장합니다. 그래서 다른 종교를 믿는 사람들이 결심하고 예수님을 믿을 수 있도록 온갖 방법을 개발하고 사용하는 데 심혈을 기울입니다. 이 지점에서 다른 사람들을 구원하기 위해 노력하는 사람들을 격려해야지, 왜 그것을 선교에 도전하는 것으로 받아들이느냐고 질문하는 사람들도 있을 겁니다. 하지만 문제는 최선을 다하는 데 있지 않습니다. 문제는 그 최선이 어디에 초점을 맞추는가에 있습니다. (세미)펠라기우스주의와 아르미니우스주의의 영향을 받은 현대의 복음주의자들은 인간의 결심과 결정을 앞

세우면서 하나님의 절대주권과 은혜를 약화시킵니다. 그것은 인간의 구원에서 하나님의 절대주권과 오직 은혜를 강조하는 개혁주의 선교가 받아들일 수 없는 지점입니다. 왜냐하면 그런 선교는 하나님의 은혜와 영광이 아니라 인간의 능력과 이름을 드러내기 때문입니다.

그렇다면 종교개혁자들이 유산으로 남겨준 개혁주의 선교의 원리들은 무엇일까요? 그것들은 아래와 같이 정리할 수 있습니다.

1) 선교의 주인이신 삼위 하나님

종교개혁자들은 선교는 인간이나 교회에 의해 주도되고 그 노력과 결실로 이루어지는 인간의 활동이 아니라 삼위 하나님의 사역이라고 가르쳤습니다. 선교를 교회에 주어진 명령으로 강조할 때 따르는 위험은, 선교를 하나의 선행으로 보고 그것을 통해 의롭게 되려는 유혹을 받는 겁니다. 이럴 경우 불신자를 멸망에서 구원하는 것은 인간입니다. 그러나 성경은, 선교는 삼위 하나님의 주권으로 이루어지는 사역이요 하나님의 사랑에 기초하는 것이라고 말합니다(요한복음 3장 16절, 요한일서 4장 8절). 그래서 '선교'에 해당하는 라틴어 'Missio'도 삼위일체 하나님에게서 나온 겁니다. 다시 말해 성부에 의한 성자의 파송, 성부와 성자에 의한 성령의 파송이 선교(*Missio*)의 출발입니다. 성부께서는 잃어버린 자기 백성을 찾으시려 계시하시고, 약속하시고, 초청하시고, 명령하시고, 강권하시면서 쉬지 않고 일하시며, 성자께서는 그 일을 위해 성부께로부터 보냄을 받으시고, 또한 제자들을 보내시며(요한복음 20장 21절, 마태복음 28장 18~19절), 성령께서는 성자의 증인이시며, 또 증인이 되게 하십니다(요한복음 15장 26절, 사도행전 1장 8절).

사도행전의 기사는 위대한 복음전파가 사도들의 결정으로 이루어진 것이 아니라 하나님의 주권적인 섭리로 이루어졌음을 보여줍니다. 복음전파를 위해 선교사들을 따로 세우시고, 교회가 이 일에 순종하도록 명령하시고, 선교사들의 발걸음을 이끄시는 분은 삼위 하나님이십니다. 예수님께서는 친히 베드로를 이방인 고넬료에게 보내어 복음을 전하게 하셨고(사도행전 10장 19~20절), 바울을 회심시켜 이방인의 사도로 부르셨습니다(사도행전 9장 15절). 성령님께서는 안디옥교회에 명령하셔서 자신의 선교사역을 위해 바나바와 바울을 따로 세우라고 하셨고(사도행전 13장 1~4절), 이 외에도 다른 사역자들을 자신의 기쁘신 뜻과 계획에 따라 부르시고 인도하셨습니다(사도행전 16장 6~10절).

종교개혁자들은 선교는 하나님께서 시작하시고 진행하시며 완성하신다는 사실을 분명히 가르쳤습니다. 특히 칼빈은 누가복음 24장 49절을 주석하면서 성령님의 도움 없이는 선교사역에 한 발자국도 들여놓아서는 안 된다고 강조할 뿐 아니라, 디모데후서 1장 9절부터 14절까지를 통해서는 선교의 주인은 삼위 하나님이시라고 말했습니다.

> 모든 사역의 근원은 하나님이십니다. 그런데 하나님의 일을 하고 있으면서도 어느 순간 마치 나의 일을 하고 있다는 착각에 빠질 때가 있습니다. 그때는 그 모든 일의 시작이 하나님으로부터 왔음을 빨리 되새겨야 합니다. 우리가 하나님을 선택한 것이 아니고 하나님께서 은혜로 우리를 택하신 것임을 기억해야 합니다. 그리고 은혜의 복음을 선포하고 가르치는 일을 할 수 있게 된 것도 하나님께서 우리를 세우셨기 때문입니다.

이처럼 종교개혁자들은 선교에 있어서 하나님의 주권을 강조했습니다. 그 어떤 선교사나 교회도 하나님의 사역인 선교의 열매를 자기 자신이 이룬 열심의 결과로 여기고 자랑하지 말아야 한다고 경고했습니다. 선교는 하나님의 은혜와 이름을 높이는 것이지, 인간을 높이고 자랑하는 것이 아니기 때문입니다. 이렇게 선교의 주인이 삼위 하나님이시라는 것을 알게 될 때, 그 결과에 의해 교만해지거나 좌절하지 않을 수 있습니다. 그래서 개혁주의 선교는 교회나 개인의 자발적인 헌신과 계획보다 하나님의 뜻과 부르심을 우선시합니다.

2) 택하신 하나님의 백성을 부르는 것

선교의 주인이 삼위 하나님이시라는 것은 불신자를 회심케 하여 멸망에서 구원하고 교회를 세우는 일이 교회나 선교사가 아니라 삼위 하나님의 일이라는 것을 의미합니다. 하나님께서 성령님의 중생하게 하시는 능력을 베푸시지 않는다면, 죄로 말미암아 영적으로 죽은 사람들에게 복음을 전하는 일은 무모한 일입니다. 사람은 어떠한 수단과 방법으로도 영적으로 죽은 사람을 살릴 수 없습니다. 선교 현장에서 능력을 행하시고, 마음에 역사하셔서 사람들을 예수님께로 인도하시는 분은 하나님이십니다(사도행전 16장 14절). 성경은 복음을 듣는 모든 사람이 스스로 회개하고 예수님을 믿는다고 가르치지 않습니다. 예수님께서도 구원의 길은 만인에게 열렸으나 영생과 구원은 예정된 자들에게만 허락될 것이라고 말씀하셨습니다(요한복음 6장 39절, 17장 2

절). 그래서 복음을 듣는 자들이 저마다 동일하게 반응하지 않는 겁니다(로마서 8장 30절, 사도행전 13장 48절). 즉 복음이 선포됨으로써 모든 사람이 하나님의 부르심을 받게 되지만, 성령님의 조명을 통해 믿게 되는 자들은 택하신 백성뿐이라는 겁니다.

종교개혁자들은 복음전파는 하나님께서 예정하신 자들을 부르시는 은혜로운 행위로서, 하나님의 도구로 사용되어 유기된 자들에게는 핑계치 못할 근거가 된다고 가르쳤습니다. 복음전파가 예정하신 자들을 부르는 것이라는 가르침은 종교개혁자들이 마치 선교를 방해하는 사람들인 것처럼 생각하게 만듭니다. 그러나 사실 예정론이 선교를 방해한다는 생각은 근거가 없는 주장입니다. 유명한 현대 선교학자인 데이비드 보쉬(David J. Bosh)는 "예정론에 대한 강조는 선교에 대한 적극적인 참여를 촉발시켰다."라고 말합니다. 왜냐하면 예정론은 선교를 무의미하게 만들기보다 오히려 선교를 필요로 하기 때문입니다. 개혁주의 선교가 구원과 관련하여 하나님의 절대주권을 강조한다고 해서 복음전파에 소홀하지는 않습니다. 칼빈도 어떤 사람이 택하신 백성인지를 판단하고 구분하는 일은 우리의 일이 아니라 하나님께 속한 일이라고 말하면서, 그렇기 때문에 누가 선택받은 하나님의 백성인지 섣부르게 판단하지 말고, 오히려 모든 사람이 선택받은 사람이라고 생각하고 인내하며 복음을 전해야 한다고 강조했습니다(『기독교 강요』 3권 23장 14절).

개혁주의 신학은 하나님께서 자기백성을 부르실 때 오직 예수님의 복음의 말씀만 사용하시며, 선택받은 하나님의 백성은 전파된 말씀을 통해서만 중생을 얻는다고 선언합니다. 이에 따라 개혁주의 선교는 하나님의 사랑과 예수님의 구속의 보편성에 근거하여 만인구원설을 주장하는 자유주의 선교에 반대하며, 아르미니우스적인 복음주의 선교가 하는 것처럼 인간의 자유의지에 호소하거나 그 결과에 의존하지 않습니다. 오히려 개혁주의 선교는 때를 얻든지 못 얻든지 복음전파를 위해서 전력을 다하며, 성령께서 중생시키시는 역사를 기다립니다. 이와 같은 선교의 원리는 교회와 선교사들을 나태하도록 만들지 않고, 오히려 극심한 반대와 핍박, 어려움 가운데서도 인내하면서 담대히 복음을 전하도록 만듭니다(요한복음 10장 16절, 사도행전 18장 9~10절). 이런 점에서 아우구스티누스, 마르틴 부써, 윌리엄 케리, 요하네스 바빙크, 헨드릭 크래머 등과 같은 헌신적인 사역자와 선교사들이 모두 예정론을 따랐던 사람들인 것은 우연한 일이 아닙니다.

3) 예수님과 복음의 유일성

선교가 하나님께서 예수님 안에서 예정하신 자들을 부르시는 일이라는 것은 예수님의 복음만이 구원에 이르는 유일한 길이라는 것을 의미합니다. 성경은 예수님의 복음 외에는 구원에 이르는 다른 길이 없다고 분명하게 말합니다(사도행전 4장 12절). 종교개혁 당시 로마교회는 구원을 위해서는 반드시 성례를 받아야 하며, 성례를 집행하는 성직자들이 사죄와 구원의 은혜를 전달하는 중보적 역할을 할 수 있다고 주장했습니다. 또한 면죄부나 중보적 능력을 가진 많은 성자들을 만들어 내어 그들의 중보적 역할을 통해서도 구원을 받을 수 있다고 가르쳤습니다. 그리고 무엇보다 마리아를 예수님과 함께 공동의 중보자로 삼았습니다.

종교개혁자들은 예수님의 유일성과 충분성을 훼손하는 중세 로마교회의 잘못된 교리에 맞서 성경을 따라 '오직 그리스도'를 외쳤습니다. 이는 예수님과 그의 복음만이 구원에 이르는 유일한 길이며, 그것 외에는 구원에 이르는 다른 길이 없다는 선포였습니다. 개혁주의 교회 또한 종교개혁자들을 따라 다른 종교에도 구원의 가능성이 있다는 보편구원론과 종교적 다원주의를 단호히 배격하고, 어떤 사람이든지 오직 예수님을 통해서만 하나님께로 나아갈 수 있다고 믿습니다.

그런데 오늘날에는 '오직 예수'가 배타주의라면서 비난을 받고 있습니다. 현대의 자유주의 선교이론은 예수님의 복음만이 구원에 이르는 유일한 길이라는 개혁주의 주장을 배타적이라고 비난하는 한편, 종교다원주의와 포용주의를 옹호합니다. 종교다원주의자들은 지구촌 시대를 살아가는 현대세계에서 기독교가 자신만이 유일한 구원의 길이라고 고집하는 것은 충돌과 갈등을 유발할 수 있는 위험한 발상이라고 주장합니다. 폴 니터(Paul Knitter), 존 힉(John Hick) 그리고 인도의 신학자 스탠리 사마르타(Stanley Samartha)와 같은 종교다원주의 신학자들은 인류가 더불어 하나로 살기 위해서는 기독교가 복음의 유일성을 주장하지 말아야 하며, 하나님께서는 모든 종교를 통해 계시하셨고 현재도 말씀하고 계시므로, 기독교도 타종교와 그 신봉자들을 통해서 하나님께서 말씀하시는 것을 들어야 한다고 주장합니다.

예수님의 복음의 유일성에 도전하는 또 다른 중요한 선교이론은 포용주의입니다. 포용주의자들은 예수님께서 유일한 구원자라고 말은 하지만, 예수님의 구원사역은 보이는 교회의 테두리를 뛰어넘는다고 주장합니다. 이 입장을 대표하는 인물은 로마교회의 신학자 칼 라너(Karl Rahner)입니다. 칼 라너는 타종교를 믿는 사람들도 구원받을 수 있을 뿐만 아니라, 타종교들도 구원에 일정한 역할을 담당하므로 타종교들을 구원의 도구로 보아야 한다고 주장합니다.

오늘날 예수님의 유일성을 거부하는 이런 주장들은 교회 밖에서뿐만 아니라 그리스도인들에게도 영향을 미치고 있습니다. 절대 진리라는 말을 터부시하는 포스트모더니즘의 영향과 다문화사회로 바뀌어가는 사회적 분위기에서 오늘날 한국교회의 청소년들은 예수님을 통해서만 구원을 얻을 수 있다는 신앙을 점차 잃어가는 것 같습니다. 그래서 전도하는 것조차 두렵고 부끄러워하는 경향을 보입니다. 물론 그리스도인들은 다른 종교를 믿는 사람들을 존중하고 그들과 평화로운 관계를 유지해야 합니다. 그것은 당연한 일입니다. 그러나 그것이 예수님의 유일성에 대한 성경의 가르침을 타협하거나 포기하고, 전도를 중단하는 것을 의미하는 것은 아닙니다. 우리는 예수님의 복음을 변질시키는 모든 시도들을 거부해야 합니다. 그리고 시대의 변화나 종교적인 상황과 상관없이 유일한 구원의 길로서 예수님의 복음을 전해야 합니다. 어떤 종교를 믿고, 어떤 문화 속에서 살아가고, 어떤 계층에 속해 있든지 세상 모든 사람들이 들어야 하는 것이 예수님의 십자가의 복음이기 때문입니다.

4) 교회의 확장을 통한 하나님의 나라의 확장

칼빈은 선교가 필요한 이유를 예수님께서 바다로부터 바다까지, 강들로부터 땅 끝까지 온 세상을 통치하시도록 하기 위해서라고 말했습니다. 따라서 모든 그리스도인들은 하나님의 나라가 땅 끝까지 확장되도록 매일 힘써 기도하고, 부지런히 노력해야 한다고 가르쳤습니다. 하나님의 나라는 이 세상에 존재하는, 하나님께서 통치하시는 영적인 나라입니다. 그것은 교회와 동일하지는 않지만, 교회와 함께하며 복음전파를 통해 계속 확장되고 전진해가는 겁니다.

종교개혁자들은 성부, 성자, 성령, 삼위일체 하나님의 사역으로서의 선교는 교회의 설립에 멈추는 것이 아니라 하나님의 나라의 확장과 구현을 통해 하나님께 영광을 돌리는 데까지 나아가야 한다고 말했습니다. 이런 점에서 개혁주의 선교는 교회에서 멈추지 않고 하나님의 나라를 지향합니다. 그러나 현대의 복음주의자들 가운데는 선교의 목표를 하나님의 나라가 아니라 예수님의 재림에 두는 사람들도 있습니다. 그들은 예수님의 재림 이전에 있어야 할 조건들을 강조하는데, 특히 예수님께서 "천국 복음이 온 세상에 전파되리니 그제야 끝이 오리라"(마태복음 24장 14절) 하신 말씀을 인용하면서 예수님의 재림이 땅 끝까지 복음이 전해지는 것에 달려있다고 주장합니다. 따라서 예수님의 재림을 결집된 선교를 통해 앞당길 수 있다고까지 주장하기도 합니다. 심지어 피어슨(A.T. Pierson) 같은 사람은 땅 끝까지 복음을 전해 예수님께서 재림하시도록 만드는 데 필요한 돈과 헌신적인 복음전파자의 숫자까지 계산했습니다. 그는 모든 그리스도인들이 노력한다면, 이 목표가 20세기가 오기 전에 성취될 것이라고 생각하고 '이 세대에 세계의 복음화'란 표어를 내걸기도 했습니다.

이런 주장들이 많은 그리스도인들에게 영향을 주어, 선교의 동기를 하나님의 영광이 아니라 심판의 임박성과 두려움이 되도록 만들었습니다. 오늘날 많은 선교단체들이 내걸고 있는 '우리 세대에 세계의 복음화', '세계 복음화는 우리 세대에 우리 손으로' 등과 같은 예수님의 재림을 앞당기자는 취지의 슬로건들은 모두 이런 복음주의자들의 선교관을 반영합니다. 그리고 이 목적을 이루기 위한 방법으로 '미전도 종족운동', '백투 더 예루살렘'과 같은 종류의 선교운동(movement)들이 등장했습니다. 예수님의 재림을 앞당기기 위한 최선의 방법은 대규모의 동원을 가능하게 하는 이런 선교운동이라 생각했기 때문입니다.

이에 반해 현대의 자유주의자들은 선교의 목적을 하나님의 나라의 구현에 둡니다. 그러나 사실 자유주의에서 말하는 하나님의 나라는 성경이 말하는 하나님의 나라와는 전혀 다릅니다. 자유주의에서 말하는 하나님 나라의 구현은 인류가 겪고 있는 모든 불평등과 억압, 소외를 제거하고 모든 인간적인 필요를 충족시키는 겁니다. 자유주의자들은 예수님을 해방자로 묘사하며, 그를 모델로 삼아 인간을 질병과 가난, 압박, 차별, 소외에서 해방시켜 하나님의 나라를 이루어야 한다고 주장합니다.

자유주의자들이 주장하는 하나님의 나라가 멋있고 이상

[그림 8] 선교는 속도가 아니라 방향이다.

적으로 보일 수는 있지만, 이것이 성경이 말하는 하나님의 나라는 아닙니다. 성경이 말하는 하나님의 나라는 악을 멸하시며, 죄인을 구원하시며, 성령 안에서 역사하시는 하나님의 주권과 통치의 영역입니다(마태복음 12장 28절). 성경은 하나님의 통치가 예수님의 사역과 함께 임했고, 또 지금 실존하지만(누가복음 17장 21절) 아직 불완전하며, 하나님에 의해 건설되고 확장되어 완성을 향해 나아가고 있다고 말합니다. 이처럼 예수님 안에서 이미 임한 하나님의 나라와, 권능 가운데 온전히 임할 하나님의 나라 사이에는 간격과 지체가 있습니다. 그렇다면 이미 임한 하나님의 나라의 완성이 지체되는 이유는 무엇일까요? 우리는 그것을 선교에서 찾을 수 있습니다. 즉 하나님의 나라의 완성이 연기되는 것은 하나님의 계획과 자비하심에 의한 겁니다. 하나님께서는 모든 민족과 족속이 복음을 듣고 회개함으로써 십자가에서 죽으시고 부활하신 예수님 안에 하나님의 통치가 있음을 믿고 인정하게 하시려고 그분의 나라의 완성을 지체하고 있는 겁니다.

그러므로 교회는 예수님의 가르침에 따라 "아버지의 나라가 오게 하시며 아버지의 뜻이 하늘에서와 같이 땅에서도 이루어지게 하소서"라고 기도하면서, 하나님 나라의 확장을 위해 최선을 다해 복음을 전해야 합니다. 교회가 복음을 전파할 때, 악을 멸하시며, 죄인을 구원하시고, 성령 안에서 역사하시는 하나님의 주권적 통치가 확장되어 하나님의 나라가 완성될 겁니다. 그리고 하나님의 나라가 완성될 때 하나님께서 받으셔야 할 영광이 하나님께 온전히 드려지게 될 겁니다.

■ 정리

사람들은 오늘날 선교라는 이름으로 수많은 일들을 합니다. 그런데 그런 선교활동들을 살펴보면 성경적이지 않은 것들이 너무 많습니다. 심지어 반성경적이기까지 합니다. 그런 선교로는 사람들을 그리스도께로 인도하지 못할 뿐 아니라 복음의 영광도 가리는 결과를 초래할 수 있습니다. 특히 현대의 자유주의 선교는 하나님의 사랑을 왜곡하고, 예수님과 복음의 유일성을 거부하며, 선교의 의미와 목적을 변질시켰습니다. 이에 비해 현대의 복음주의는 외형적인 규모와 통계수치에 집착하여 성경의 가르침과 상관없는 온갖 방법들을 동원하고 있습니다. 이런 선교는 하나님께서 주인이 되시지 않고 인간이 주인이 됩니다.

이렇듯 자유주의자들과 현대의 복음주의자들은 모두 하

나님을 선교의 중심에서 밀어내고 인간의 헌신과 노력, 결심을 그 자리에 앉혀 놓았습니다. 그 결과 선교는 하나님께 영광이라는 목적을 잃어가고 있습니다.

종교개혁자들은 오직 성경(*Sola Scriptura*), 오직 믿음(*Sola Fide*), 오직 은혜(*Sola Gratia*), 오직 그리스도(*Solus Christus*), 오직 하나님의 영광(*Soli Deo Gloria*)이라는 토대 위에 개혁주의 선교가 나아가야 할 선교의 원리를 제시했습니다. 종교다원주의와 값싼 복음주의가 판치는 현실에서 개혁주의 선교 원리를 고수하고 실천하는 데는 많은 고난과 어려움이 따릅니다. 하지만 초대교회와 종교개혁자들은 이런 원리에 따라 풍성한 선교의 열매를 거뒀습니다. 이런 점에서 개혁주의 선교 원리는 현대에도 여전히 적실하며, 풍성하고 참된 선교의 열매를 맺게 한다고 말할 수 있습니다.

◈ 토론을 위한 질문 ◈

1) 성경은 예정론과 선교를 동시에 말합니다. 어떤 사람들에게는 서로 모순되게 보이는 이 두 가지 가르침을 종교개혁자들은 어떻게 설명했나요? 그들의 설명은 타당한가요?

2) 종교다원주의, 상대주의를 주장하는 사람들에게 '오직 예수님만이 구원의 길'이라는 것을 어떻게 전할 수 있을까요?

3) 종교개혁자들이 선교의 주인은 인간이 아니라 하나님이시라는 사실을 강조한 이유는 무엇일까요?

Reformed

나가면서

종교개혁자들은 참된 복음을 회복하고 교회를 개혁했습니다. 또한 타락한 중세의 로마교회에 의해서 변질된 선교를 성경과 사도들의 가르침으로 되돌려 놓았습니다. 종교개혁자들이 참된 복음과 참된 교회를 개혁하자, 복음이 땅 끝의 모든 민족을 향하여 힘차게 전파되기 시작했습니다. 이렇게 해서 '위대한 선교의 세기'가 열리게 된 겁니다. 오늘날 온 세계에 복음이 전파되고 교회가 세워지는 것은 종교개혁자들이 수고한 결실이라고 말할 수 있습니다.

130년 전에 복음을 받고 세워진 한국교회는 이제 어느덧 세계선교의 주역으로 성장했습니다. 현재 한국교회는 5대양 6대주에 많은 선교사들을 파송해 다양한 선교사역들을 행하고 있습니다. 그러나 이러한 선교사역들을 들여다보면, 종교개혁자들이 성경과 사도들의 가르침에 따라 회복한 선교로부터 멀어져 있는 경우가 종종 있습니다. 특히 선교의 이름으로 행해지는 활동들은 있지만, 참된 복음과 참된 교회가 없는 경우가 있습니다. 또한 하나님께서 유일한 선교의 기관으로 세우시고 복음을 맡기신 교회에서 선교가 벗어나는 조짐까지 보입니다. 그러나 무엇보다도 심각한 문제는 선교가 다시 세속화되고 있는 겁니다. 하나님의 영광을 드러내야 할 선교가 인간의 이름과 성취를 자랑하는 것으로 변모해갑니다. 선교에서 나타나는 물량주의, 성과주의, 팽창주의, 무분별한 경쟁 등이 그러한 현상의 구체적인 증거들입니다. 이런 현상들은 일반적으로 교회가 세속화될 때 일어납니다. 교회가 세속화되면, 선교도 세속화됩니다. 그리고 세속화된 선교는 자기를 닮은 세속화된 교회를 세웁니다.

이런 불행하고 끔찍한 일이 일어나지 않도록 한국교회는 끊임없이 자신을 돌아보며 개혁해야 합니다. 개혁은 무엇인가 새로운 것을 만들어 내는 것을 의미하지 않습니다. 종교개혁이 우리에게 보여주는 것처럼, 개혁은 성경과 사도들의 증언이 진리임을 믿고 확신하고 따르는 겁니다. 그럴 때 우리의 선교는 풍성한 결실을 맺고, 하나님의 이름이 모든 민족과 족속 가운데 존귀함을 받게 될 겁니다.

참고문헌

윌리암 뉴튼 블레어 지음, 김승태 옮김, 『속히 예수 밋으시기를 바라나이다』, 두란노, 1995.

롤런드 앨런 지음, 홍병룡 옮김, 『바울의 선교 VS. 우리의 선교』, IVP, 2008.

돈 리처드슨 지음, 김지찬 옮김, 『화해의 아이』, 생명의말씀사, 2009.

루스 터커 지음, 박해근 옮김, 『선교사열전』, 크리스챤다이제스트, 2010.

톰 웰즈 지음, 김형익 옮김, 『선교를 위한 비전』, SFC, 2010.